JN438543

무지개 뿌리 캐러

무지개 뿌리 캐러

오순자 수필집

수필과비평사

|책을 내면서|

무지개 뿌리 캐는 일을 놓으면
의미 있는 삶이 끝나리라고 생각했습니다.
그런데, 지금, 변화 없이 지속되는 일상이지만
시시로 변하고 있는 나무 사이에서
바람과 노는 것도 마냥 편안합니다.
여전히, 시간의 흐름에 발붙이고 있는 것도 고맙고,
살아오는 동안에 인연이 되었던
모든 분들에게도 고마움을 느낍니다.
그래서 모아진 글들을
아쉬운 마음으로 보여드립니다.
감동을 느낀 그림을 표지에 사용하도록 허락해 주신
이광영 선생님께도 심심한 감사의 말씀을 드립니다.

2023년 상달에
오순자

| 차례 |

III.

멈추지 않는 시간에 의식도 흐르고

IV.

정치현상의 콜라주

V.

자연의 흐름 따라

VI.

번역 수필

I.

존재의 근원에 대한 물음으로 서성거림

화

—火, 花, 禍, 和—

다사로운 볕 아래 언 땅이 녹아 부풀어 있다. 겨울은 아직 심술궂게 바람을 타고 한기寒氣로 나뭇가지를 훑으며 지나가지만 땅 아래에서 생명이 기지개를 켜며 잠에서 깨어나고 있다. 머리 위에 이상한 낌새가 느껴져 고개를 드니 산수유 잔가지에 꽃이 노랗게 벙긋거리고 있다. '아!' 감탄이 절로 나온다. 웅크리고 살아온 사람들을 깨어나게 하는 철이 오고 있다. 관목의 가지 끝에도 작은 연초록 잎 순이 얼굴을 내밀고 내 눈길을 기다리고 있었다. 인간의 감각이 가장 둔한 듯하다.

며칠 후에 다시 아파트 뜰로 나가니 나무 그늘에 진달래가 반쯤 벌어져서 첫 화장을 한 처녀의 입술연지처럼 진분홍으로 곱다. 목련도 잔가지 끝에 봉오리를 하얗게 부풀리고 있다. 문 앞 계단 아래에 한 평 정도의 화단에도 마침 연노랑 빛이 폭포처럼 쏟아지고 있다. 막아선 아파트 사이로 하루에 한두 시간 정도 햇빛이 내려오는데, 그 잠깐의 방문을 받고도 생명이 움트고 번성하다가 소멸되는 역사가 생겨나는 곳이다.

작년에 화단에 노란 분꽃 모종을 심었더니 가지가 옆으로 퍼지면서 매일 꽃판이 되어 지나는 사람의 눈길을 끌었다. 태풍이 올 때에도 버팀목을 대어주니 잘 견뎌내어 사람들의 칭찬으로 더욱 힘차게 벋어 나갔다. 어느 날 아침에 문을 나서다가 섬뜩한 광경을 보았다. 나뭇개비로 내리친 듯이 한 가지가 부러지고 잎과 꽃들이 짓이겨져 있었다. 내가 매를 맞은 듯 몸서리가 쳐졌다. 누군가의 화풀이를 당한 듯했다. 나는 꽃가위로 상한 가지를 잘라내고 다듬어 주었더니 남은 가지가 여전하게 꽃을 피워냈다. 그리고 가해자를 찾아내고 싶은 마음으로 드나들 때마다 유심히 살피던 어느 날, 끔찍한 광경을 다시 보게 되었다. 분꽃 판 전체를 마구 내리쳐서 포탄을 맞은 것과 흡사했다. 나는 숨이 멎는 듯했다. 꽃을 내리칠 만한 분노를 품고 사는 사람이 가까이 있는 것에 공포심이 느껴졌다. 지나는 사람이 말했다.

“어떤 못된 놈이 이런 짓을 했어? 아마 아이들 짓일 거예요.”

그 말에 흠칫했다. 아이 짓일 거라는 추측은 옳은 판단일 것 같았다. 어린아이가 이렇게 폭력적으로 풀어야 할 분노를 마음에 품을 수밖에 없는 일을 당했다는 것이 안쓰러웠다. 에너지가 넘치는 아이들이 자신이 감당하기 힘든 일을 당하면 마음에 불온한 화기火氣가 쌓이고 그것은 화禍가 되어 엉뚱한 곳에서 폭발한다. 그런 일들이 계속되면 생명의 원기가 소실되어 용서받지 못하는 길로 들어설 수도 있다. 나이가 들면서 화가 마음을 휘젓지 않도록 먼저 방어하면서 살게 된 것이 다행이라는 생각도 들고, 생기가 줄어들어 더이상 격렬한 만족도 분노도 없어진 것이 서글프기도 하다. 꽃포기를 뽑아서 나무 뒤로 치우며 다시는 꽃을 가꾸는 일을 하지 말아야겠다고 마음먹었다.

4월이 되어 봄꽃들이 열정적으로 피어나니 화창한 기운이 대기에 차오른다. 냇가의 둑에 개나리가 흘러넘치듯 물속에서도 피어나고, 벚꽃도 머리 위에서 하얗게 어깨동무하고 무리지어 서서 사람들을 축제로 끌어들인다. 화단에 작년에 화를 당한 분꽃이 떨어뜨린 씨가 노란 싹이 되어 흙을 뚫고 올라왔다. 반가운 마음과 염려가 동시에 느껴진다. 그 옆에서 남자아이가 꽃이 핀 팬지 모종을 심은 둘레에 하얀 돌을 두르고 있다.

"아유! 예쁘구나. 네가 심었어?"

"할머니가 심으셨고, 제게 매일 물을 주라고 하셨어요."

"참 좋은 일 하는구나! 네 덕분에 우리가 매일 예쁜 꽃을 볼 수 있겠구나!"

나는 작년 사건을 생각하며 꽃을 가꾸는 이 어린 마음에 상처 받을 일이 일어나지 않기를 바랐다. 작은 모퉁이에 꽃을 가꾸면서 사람들에게 화기和氣가 일어나게 하는 귀여운 손길이 있는데, 저항할 힘이 없는 그것에 화풀이를 해서 보는 사람들에게 화기禍氣를 느끼게 하는 사람이 함께 사는 곳이 세상이다.

외출할 때면 나를 보며 미소를 보내는 팬지와 쑥쑥 커가는 분꽃 모종 앞에 서서 잠시 들여다보며 내 기를 보태준다. 식물은 햇빛이 있으면 부지런히 본연의 일에 열중하고, 비바람에도 견디면서 아름다운 꽃을 피워낸다. 그러나 인간은 욕망의 열기로 살아가기 때문에 수시로 일어나는 불화를 다스리는 것이 어려워서 분노가 쌓이고 자신을 제어할 참을성도 부족하여 힘없는 대상에게 화풀이를 하면서 다른 화를 불러들인다. 꽃처럼 마음의 흐름을 따라 살면서 욕망을 조절할 수 있다면 세상과 화응和應하여 평온을 누릴 수 있을 터인데. 그래도 자연스레 꽃이 피어나고 그 꽃을 가꾸는 어린이가 있어서 봄날이 참 평화롭다.

(2015. 6월)

불이문

푸르른 가을날, 여주에 있는 신륵사 일주문으로 무심하게 들어가다가 현판에 쓰인 불이문不二門이라는 글자가 낯설어서 걸음을 멈추고 한 글자씩 읽어본다. 다른 사찰에는 문지기인 사천왕이 큰 눈으로 내려다보고 있어서 무서운 듯해도 코믹해서 웃음을 흘리며 들어가곤 한다. 그런데 이곳에서 뜻밖의 문자를 읽고 두 개의 개체로 보이는 것이 실은 하나인 것이 무엇인지 잠시 마음을 기울여 본다.

살면서 관여하는 일은 거의 성취와 실패 중에 한쪽의 결과를 얻는다. 그래서 올바른 일을 어렵게 해낸 후에 자존감으로 우쭐하기도 하고, 좌절 때문에 어두운 사념에서 헤어나기 위해서 번민을 견뎌야 한다. 그런데 불교에서 번뇌와 보리菩提가 둘이 아니라는 말에 쉽게 머리가 끄덕여지지 않는다. 고통을 피하지 않고 마음에서 삭이면서 그 원인을 깊이 살피다 보면 지혜를 얻어

해탈의 경지에 이를 수도 있겠다는 일리가 떠오른다. 그러나 영혼의 탐색을 너무 가볍게 생각하는 속인의 얕은 해석에 실없이 웃으며 걸음을 옮긴다.

조사당祖師堂의 정면 벽에 지공대사의 영정을 중심으로 좌우에 무학대사와 나옹대사가 모셔져 있다. 그분들은 수행을 통해서 욕망의 좌절에서 일어나는 번민과 성취 후의 만족감이 한 마음의 두 얼굴임을 무언 설법하고 있을까? 아니면 욕망 자체가 본체에서 나온 것이 아니고, 우리를 몰고 다니는 바람과 같이 허무한 것임을 받아들여 그 뿌리를 뽑으라는 것일까? 저 분들은 '불이'를 터득하여 범인이 짐작할 수 없는 경지에서 세상과 마주하며 자유롭게 살았던 스승으로 모셔놓았을 것이다. 하지만 자신들이 쇼윈도의 상품처럼 전시된 것을 불쾌하게 여기지 않을까 하는 엉뚱한 생각조차 일어난다.

경내를 한 바퀴 돌고나서 앞터로 나와서 사찰의 전경을 한눈에 담는다. 봉미산이 병풍처럼 건물을 감싸서 포근한 안정감을 준다. 뒤를 돌아다보니 남한강이 생명의 기氣를 공급하는 듯 부드럽게 흐르고 있어서 이 터는 잘 갖추어진 명당이라고 느껴진다. 가을빛이 맑은 하늘을 두르고 나무 위에서 찬란하다. 어떤 나무는 전성기를 지나 가을을 땅으로 반 이상 떨어트리고 홀가분한 모습으로 하늘바라기하며 서 있다. 황혼기에 접어든 내 모습을 보는 듯 허전한 가지가 홀가분해 보이면서도 애잔하다는 이율배반적인 심사가 된다. 남한강의 윤슬이 햇빛을 반사해서 땅에 누워있는 낙엽의 쓸쓸함을 달래고 있다. 물은 순리대로 망설임 없이 흐르고 있는데, 나는 왜 앞으로 나아가는 것을 두려워하며 고개를 자꾸 뒤로 돌리는 것일까?

까마득한 뒤편에서 사춘기의 소녀가 부산하게 걸어 나온다. 자의식의 터가 놓이면서부터 "왜 사느냐?"라는 물음에서 발을 뺄 수 없었다. 단순하지만 거대한 덩치가 물밑에 숨겨져 있는 빙하와 같이 그것은 시대를 초월하여 누구에게나 찾아와서 툭툭 건드리면서 답을 내놓으라고 조르는 괴로운 길동무이다. 그러나 "태어났기 때문에"라는 단순명료한 대구 외에 어떤 언어가 그것에 대한 답을 내놓을 수 있을까? 그러나 그 물밑에 숨겨진 모호하고 수많은 갈래를 가진 의미는 정신의 주춧돌로 무의식화 되어 살아가는 동안에 끊임없이 삶의 방향타를 조절한다.

그 물음을 품고 가치를 찾아가는 인생살이의 동력은 이렇게 저렇게 포장된 욕망이다. 그러나 그것은 인간들이 예의와 문화 안에 숨겨 놓아 쉽게 모습이 드러나지는 않는다. 생명을 투자해서 얻고 싶은 최대의 목표를 향해 가면서 개체들 간에 욕망의 충돌에서 끊임없이 갈등이 생겨난다. 에너지가 넘치는 젊은 시절에는 그것을 굳이 해소하지 않고도 앞으로 나아가고, 일의 성패成敗에 아랑곳하지 않고 겁 없이 덤벼서 갈등으로 마음이 들끓는 것도 견딜 수 있다. 그때에 지칠 줄 모르고 살 수 있었던 것은 호好와 불호不好로 규정지을 수 없어 '불이'로 합해지는 원초적인 생명의 힘이었다. 그래서 삶은 욕망의 추구와 다름 아니다.

황혼기에 사회의 가장자리로 밀려나면서 욕망이 휴화산이 되어 평온해졌다. 청년기부터 얻고 싶었던 마음의 안정이 드디어 찾아왔다. 그런데 이사 나간 집처럼 알맹이는 빠져나가고 껍질만 남아있는 허망함을 떨쳐내야 하는 다른 짐이 생겼다.

얼마 전에 모임에 참석했다가 먼저 길에 나와서 일행을 기다리면서, 금은방의 진열장에 색색의 보석으로 만들어진 나비가 뽐내는 자태에 눈이 갔다. 그것을 코트 깃에 달면 예쁠 것 같다는 상상을 잠시 해보았다. 또래의 일행이 옆으로 다가왔다.

"참 아름다운 나비 한 마리가 나를 유혹하고 있네요."

"그러네요. 그런데 요즈음은 저런 것을 보아도 갖고 싶다는 생각이 안 들어요."

"실은 저도 그래요. 나이가 드니 소유욕이 없어져 편안하지만 낙이 없어 사는 게 즐겁지 않아요. 예쁜 옷을 보아도 입고 싶은 마음이 안 생겨요."

"나도 그래요."

이런 이야기를 나누면서 흔적도 없이 사라진 뜨거운 젊음이 그리웠다. 좋은 것을 보면 가지고 싶어서 계획하고 기다리다가 손에 넣었을 때, 얼마나 행복했던가! 소유욕이 없어진다는 것을 생각해 본 적이 있었던가? 그것이 어디로 달아나 버린 것일까?

여러 가지 모습으로 내 마음을 충동질하던 욕심이 삭아지면서 잠시 그 평온이 흐뭇했었는데. 금세 욕심이 없는 마음은 흔적만 남은 유적지와 같다는 자각이 생겼다. 나는 철없던 시절로 돌아가고 싶다는 마음이 간절했다. 그 지경에서 번뇌와 자족감은 둘이 아니고 삶의 원동력으로 통합되는 '불이'라고 깨달아졌다. 번뇌와 보리가 하나라는 대각성에 이른 것이 아니라 소시민의 생명력을 향한 기원에서 흘러나온 알음일 뿐이었다.

나는 쏟아지는 식수대에서 욕심껏 물을 마시면서 내 마음에 무엇인가 철철 넘칠 수 있기를 기대해 본다. 인간의 마음속에는 항상 정반대되는 두 가지 생각이 동시에 발생하지 않는가! 솟아서 소멸되는 것이 상례이지만 소멸되던 것이 다시 생성될 수도 있지 않을까? 소멸되기 전에 어른거리는 작은 꿈을 잡아 싹을 틔워 희망의 불씨를 살려보리라는 다짐을 하며 불이문을 나와서 뒤돌아보지 않고 차에 올라탄다. 차는 시이문是二門을 향해 달려간다.

(2019. 가을)

침묵의 소통

아침에 일어나니 발이 내 의지와 상관없이 창가로 간다. 작은 반다지 위에 반원형으로 촘촘히 박힌 노란 국화꽃이 절정의 순간을 맞아 나를 유혹하고 있었던 것이다. 그것은 자신의 꿈을 유감없이 펼쳐 생명의 환희를 뿜어내고 있다. 격한 놀라움에 내 시간은 잠시 정지되어 머릿속이 확 비워진다. 잡념들이 안개의 입자가 되어 등 뒤로 물러나버리는 신비한 순간이다.

잠시 후에야 꽃의 개체가 보이기 시작한다. 몇 송이는 이미 절정의 순간을 지나 시들어 가고, 만개한 꽃 사이사이에 바늘 같이 삐죽한 꽃잎 끝이 바깥세상을 보기 위해서 발돋움하고 있다. 한 생명이 가진 전 생애가 통째로 공존하는 모습에서 우주의 시간이 보인다. 나는 내 시간의 끝에 있는 죽음을 생각한다. 모든 생명의 완결인 그것을 두려움 없이 바라볼 수 있는 여유가 오히려 쓸쓸하다.

그 뒤에 수줍은 듯 하얀 꽃잎이 벌어지고 있는 재스민의 향기가 멈춰있던 내 감각을 되살린다. 햇볕만 좋으면 철없이 꽃송아리가 생겨나서 내일을 설레며 기다리게 한다. 꽃들과 교감하면서 복잡한 사고체계가 단순화되어 온전히 홀로 있음을 느낀다.

미국의 요세미티 파크에서 천년된 오백여 그루의 자이언트 세쿼이어 군락지 속에 서있던 순간이 내 안에서 펼쳐진다. 거대한 줄기들이 나열해 있는 곳으로 들어간 순간, 나를 둘러싸는 고요함에 주눅이 들어 어깨를 움츠렸다. 숨죽여 천천히 걸어 들어가면서 거친 나뭇결을 손으로 더듬었다. 그리고 내 작은 품으로는 껴안을 수 없는 나무에 가슴으로 기대니, 넘볼 수 없는 완강한 힘이 느껴졌다. 천년을 살면서 쌓였을 허섭스레기를 털어내고 간결하게 붉은 결로만 뭉쳐 올라간 나무 끝을 올려다보았다. 새의 깃털 같은 잎들이 미세한 움직임으로 침묵을 밀어내며 내게 인사를 건네는 듯하여 숨쉬기가 편해졌다. 넓게 가지를 벋지 않고 작은 것들로 최소한의 둘레를 차지하면서 빈 하늘로만 뻗어 어린 나무가 빛을 받을 수 있게 해 준 것이 놀라웠다. 이웃들과 공존해온 무욕의 생태가 세계에서 가장 큰 키의 비결로 보였다. 그 잎들 사이로 바늘처럼 쪼개진 하늘이 나를 내려다보고 있었고, 사이사이로 비집고 들어온 햇살이 나와 눈맞춤했다. 잠시 움직임 없이 서 있노라니, 간간이 들리는 새들의 지저귐이 고적감을 거두어 갔다.

천년 동안 나무와 하늘과 해가 발설하지 않고 나눈 침묵의 깊이가 마음으로 들어와 감각을 마비시켜 내 언어를 잠재웠다. 그리고 옹색한 내 터에 꽉 찬 수십 년간 언어의 웅성거림이 천천히 땅으로 스며들어 나도 결만 남은 듯 가벼워졌다. 그 짧은 순간의 소통이 내 마음에 터를 잡고 있어서 복잡한 일상에서 가끔 내가 서 있을 수 있는 치유의 공간이 된다.

점심때 식당에서 음식이 나오기를 기다리는 동안에 거침없이 나를 바라보는 시선을 느끼고 고개를 돌리니, 칠팔 개월 된 아기가 꽃무늬 구멍이 뚫린 철제 칸막이에 여린 손바닥을 누르고 있었다. 검지로 건드리니 움찔하며 웃는다. 그의 검지 끝에 살며시 내 것을 대니 기다렸다는 듯이 힘을 준다. 이제 주먹을 쥐고 검지만 구멍 사이로 내밀어서 내 손가락을 청한다. ET처럼 손끝으로 밀고 당기기를 하는 동안에 그의 맑은 웃음소리는 우리가 한 점 거리낌없는 친구임을 느끼게 한다. 잠시 후에 부모 품에 안겨 떠날 때, 우리는 손을 흔들어 '안녕히'를 나눈다. 현시現時를 사는 아기는 돌아서며 새로운 것에 몰두하겠지만, 과거와 함께 사는 나는 가끔 그 손끝 교감을 떠올리며 미소 지을 것이다.

오래지 않아 아기는 가족들의 환호 속에서 말을 시작하고 나날이 늘어가는 말솜씨로 교분의 폭을 넓힐 것이다. 그러나 그가 습득한 언어는 개개인만의 무수한 무의식을 품고 있어서 내면의 감정과 사색을 그대로 재현할 수 없다. 사회적으로 공유하는 언어의 망 속에서 나누는 소통임에도 발화자와 청취자 사이에 의미가 왜곡되어 완전한 소통을 기대하는 것은 어렵다. 이에 대해서 헤겔은《정신현상학》에서 언어란 내가 의도한 것에 도달하지 못하고 그것을 즉각 뒤집어 세계안의 타자처럼 되돌려 준다고 말했다.

그럼에도 인간은 만나면 한시도 쉬지 않고 말을 주고받으면서 정을 나누고 격한 감정을 노출시키기도 한다. 그러나 정보 외에 깊은 곳에서 생성된 존재에 대한 근원적인 물음은 스스로도 명확하게 집어낼 수 없기 때문에 언어로 소통할 수 없다. 또 체질화된 교양과 예법의 벽은 솔직하게 자신의 감정을 털어놓을 수 없게 한다. 그래서 뱉어놓은 언어 안에 숨어있는 속뜻을 서로 탐지하면서 대화한다. 인간의 외로움이 필연적일 수밖에 없다.

그러나 인간은 외로움을 자각하는 것을 두려워한다. 혼자 있는 시간을 피하기 위해서 길에 다니면서까지 손전화기의 가상공간에서 언어와 만난다. 그렇지만 그것은 쓸쓸한 순간을 잠시 지워주는 지우개에 불과하다. 언어로 나누는 소통의 얇은 두께를 깨닫는다면, 역설적이게도 존재의 의미를 찾기 위해서 혼자만의 골똘한 탐색의 시간을 가지면서 외로움에 길들여져야 한다. 이것에 대해서 노자는 이렇게 말했다.

말이 많으면 생명력이 빨리 소진한다.

그러니 비어있는 근원에 머물러

고요히 침묵하도록 하라.

요즈음 곁에 앉아서 말없이 각자의 생각에 잠겨 있어도 편안한 친구가 그립다.

(2018. 1월)

하지夏至 산책

낮잠에서 깨어나 혼미한 정신에도 나를 초대하는 낭랑한 새소리가 들린다. 밖으로 나오니 여름 태양이 오렌지색으로 영글어 빛발이 하늘을 꽉 채운 듯하다. 그 빛으로 생명들은 자신이 가진 속성을 다 펼쳐서 전성기에 다다라 있다. 해를 향해 손을 일렁이는 무성한 나뭇잎들을 올려다보니 그 꼭대기에서 새가 "뽀~옥 뽀~옥, 뽁 뽁 뽁" 허공을 향해 말을 건네자, 바로 "뽀~옥, 뽁" 하는 수줍은 대답이 들린다. 무더운 한낮에 청량한 대화 소리를 들으니 무료한 산책길이 한결 가뿐하다.

땅 껍질을 뚫고 올라온 연초록 풀잎들이 아기처럼 애교를 떨더니, 어느새 땅을 뒤덮고 바람에 흔들거리며 태연하게 침묵하고 있다. 침묵의 소리를 들으려고 귀를 기울여 보지만 내 한정된 감각으로는 어림없다. 땅이 한시도 쉬지 않고 태양에 다가가서 오늘 제일 긴 만남의 시간을 갖는 하지이다. 생명체들은 햇빛을 받는 순간마다 생명력을 향상시켜 꿈을 펼치기 위해서 자신을 가다듬어 왔다. 원추리는 푸르른 잎 사이로 목을 길게 뻗어 얼굴을 활짝 열고 해를 향해 강렬한 주황빛을 뿜어내면서 지나는 사람들의 눈길을 끌고 있다. 능소화도 지지대를 타고 기어올라서 빛이 정점에 다다르는 시간에 다섯 개의 잎을 나팔 모양으로 벌리고 태양을 향해서 환하게 웃고 있다. 화려하게 최고의 순간을 맞이하고 있는 그들의 환희에 나도 가슴이 들뜬다.

길옆으로 온몸에 구멍이 숭숭 뚫린 돌하르방 두 분이 나란히 앉아서 오가는 사람을 지켜보고 있다. 고향에서 안녕과 질서를 수호해 주는 터줏대감으로 초자연적이면서도 친근한 존재로 사랑을 받았을 것이다. 먼 타향에 와서는 보는 사람들의 마음에 따라 존재의 의미가 달라지리라. 나는 그 큰 눈이 사람들의 속내를 보고 있는 듯해서 가슴 한편이 서늘해진다. 푸른 이끼로 장식된 우둘투둘한 모자를 쓰다듬으며 인사를 건네보지만 내색이 없다.

하지를 닮은 젊은이가 스쳐가며 두 할아버지에게 잔잔한 미소를 보낸다. 그의 싱그러움에 나도 모르게 입이 벌어진다. 그의 탄탄한 몸에서 아름다운 생명력의 아우라가 번져 나온다. 그는 자신의 신체가 완전함에 이르렀음을 알지 못하고 더 키우기 위해서 노력할 것이다. 인간은 높은 곳을 지향하며 살아가는 것이 체질화 되어서 정상의 순간에 이른 것도 인식하지 못하고 더

오르려다 추락하기도 한다. 그는 준비한 스펙으로 결핍을 채울 수 있다는 기대를 가지고 사회로 진입하는 첫 계단에 발을 디뎠을 수 있다. 이제 그는 꼭대기를 향해 오르는 길만 바라보며 살아가기 시작했을 것이다. 그가 외부에 과시할 것들에 에너지를 쏟는 것에만 몰두하지 말고, 존재 의미를 알아가려고 애쓰면서 마음의 터를 넓히는 사람이 되었으면 하는 나의 기원을 그의 등 뒤에 얹어 본다.

산다는 것은 매 순간 꿈과 기대가 충돌하는 선택의 기로에서 망설이며, 몸과 마음에서 솟아나는 욕망의 꿈틀거림과 그것을 제어하려는 자아와의 싸움이 아니던가. 그런 내적인 갈등을 품고 생존현장에서 묵시적 경쟁에 부응해야 하는 하루하루가 생활이다. 그 속에서 칭찬이나 비난에 즉각 반응하는 대신에 마음속에 잘잘못을 헤아리는 분별력을 길러서 다른 사람에게 휘둘리지 않아야 평안이 깃든다. 이런 내홍內訌이 안정되기 위해서 잠시 멈추어 서서 내면의 자아와 대화하면서 자신을 믿고 사랑해야 한다. 자연은 한 철이면 원숙기에 다다르는데, 인간은 효소를 익히듯이 수시로 마음을 비워 순리의 길을 따라 가면서 스스로 자문자답하기를 계속해야 숙성된 경지에 이르는 것 같다. 그래서 자유로워지면 다른 사람에게 곁을 내줄 그늘이 생긴다.

강가에 이르렀다. 여름철에는 물도 차올라 보는 마음도 넉넉해진다. 강물 속에서 하늘과 구름이 낮잠을 자고 있다. 물속에 깊이 잠겨있는 하늘이 아주 높다. 그 안에서 해도 땀을 씻고 있는데, 그 열을 받아서 하늘 끝까지 가려는 꿈을 꾸던 물방울이 자신의 몸을 아주 작게 털어내서 가볍게 떠올라 공기와 어울린다. 그렇게 보이지 않는 곳까지 떠오르다가 눈에 보이지 않는 강한 기류에 막혀서 그 유동하는 힘을 뚫으려고 맞서 보지만 곧 자신의 한계를 깨닫게 된다. 한계는 빨리 알아차리는 것이 좋다. 그래서 같은 실패를 맛본 이웃과 함께 여러 모양으로 모이고 흩어지기를 반복하며 퍼즐 맞추기 놀이하는 구름이 되었다가 바람에 밀려 다시 아래로 내려온다.

이것은 가까워지고 멀어지기를 반복하는 해와 지구가 보여주는 우주의 법칙에 따른 것이다. 움직이는 모든 것들은 정상을 향해 가지만 그곳에 머물 수 있는 시간은 아주 짧아서 바로 내리막길로 접어들어야 한다. 이것을 잊어버리고 미련 때문에 머뭇거리면 남은 시간이 불행해진다. 그래서 만물은 멈추지 않고 순환한다.

순환!

이것이야 말로 가장 공정한 질서이다. 끊임없이 새로운 것이 만들어지지만 그 또한 사라진다. 한결같이 지속되면 존재의 의미가 퇴색해 버린다. 세상에 불변하는 것은 없다. 모두 쉬지 않고 흐르는 시간에 의해서 변하고, 그것이 세상을 순환하게 만드는 순리가 된다. 뜻하지 않은 질병으로 온 세계인이 어울려 살던 일상 안에 머물지 못하고 각각 외톨이가 되어 불안감으로 우울하지만, '이 또한 지나가리라.'는 말을 되새기며 희망의 불씨를 가지고 기다릴 수 있다.

돌아오는 길에 돌하르방 앞에 서서 지나가는 사람들의 속내가 어땠는지 물어 보았다. 말없이 먼 곳을 바라보는 그의 모습이 초연하여 내 물음의 어리석음을 깨닫고 그에게 살짝 몸을 기댄다. 억겁의 세월 동안에 휘몰아치는 풍파를 견디면서 다스려서 숙성한 얼굴이 아닌가!

(2020. 여름)

무지개 뿌리 캐러

"와! 무지개 떴다!"

"와!"

"와!"

한 무리의 소년들이 우포늪에 뜬 무지개를 보며, 환호성을 지르고 있다. 한 아이가

"무지개가 물에서 떠올랐으니, 그 뿌리가 물밑에 있을 거야. 무지개 뿌리 캐러 가 볼까?"

이 말이 그럴듯하게 들렸던지 아이들의 함성이 다시 터졌다.

"그래! 그러자!"

마침 나무에 매어있는 작은 배를 풀어 모두 올라탔다. 무지개 뿌리를 캐러 떠나면서 아이들은 신나게 노래 부르며 뿌리를 찾아 쉼 없이 가고 있다.

그중 한 소년이 중년이 되어 지금 우포늪에 나와 물고기를 잡으며 살아가고 있다. 그는 중학교를 졸업하고 서울로 올라가서 친척이 하는 식료품가게에서 배달 일을 시작했다. 건강하니까 좋은 직업을 찾아서 그곳에서 안정된 생활을 하리라는 다짐의 뿌리를 마음에서 내려놓지 않고 몇 년을 버텨보았다. 그러나 민첩한 서울 아이들과 달리 눈치도 없고 준비된 기능도 모자라 겨우 밥벌이를 하면서 살았다.

다짐한 뿌리는 처음부터 허황된 것이었든지, 무지개 뿌리를 찾아서 배를 타고 갔을 때에 무지개가 보이지 않아서 짐작되는 지점의 차갑고 어두운 물속을 뒤지다 기진하여 맨손으로 돌아왔듯이, 풀이 죽어서 고향으로 돌아올 수밖에 없었다. 그는 어린 시절의 조각난 꿈이 떠도는 우포늪에서 물고기를 잡으며 친구들과 어울려 소박하게 살아가고 있다.

기자에게 소년 시절의 이야기를 하는 그의 얼굴 위에 꿈으로 환하게 빛나던 소년의 얼굴이 겹쳐져 있다. 그의 얼굴에서 피어난 천진한 웃음은 그에게 30년의 시간을 되돌려 준다.

(2023. 4월)

홀로 지낸 한나절

눈에 보이지도 않는 화려한 왕관이 비밀기관 조직원처럼 소리 없이 온 세상에 퍼져 목숨의 마지막 방어진인 숨조차 편하게 쉴 수 없게 해왔다. 더욱이 전선이 보이지 않아서 발 디디는 모든 곳에서 개체 방어를 해야 하니 연속되는 긴장으로 아침이 되면 하루를 어떻게 살아야 할지 불안하다. 막연히 정신이 내 존재라고 생각하며 살아왔는데, 존재의 집은 역시 몸이라고 고쳐 생각하게 되었다. 집에 문제가 있으면 그곳에 거주하는 개체들에게도 어려움이 생기니까 집을 지키는 것이 나를 보존하는 것임을 새삼 깨닫는다.

이로 인해서 눈으로 교감하며 살아오던 일상이 온라인으로 전환되어서, SNS로 안부와 정보를 교환하고 교육까지도 인간의 개입 없이 전달되는 낯선 풍경 속에서 살고 있다. 몇 년 전에 바둑시합에서 세계 최고 챔피언이 학습된 AI에게 패배하는 사건을 보며 인간세계의 존립 위기가 올 것 같다는 예측으로 염려하던 참이었다. 그런데 이렇게 컴퓨터가 인간세상의 중심이 되어 살다 보면 자의식이 있는 AI가 등장할 계기를 주는 것이 아닐까 하는 의심으로 등골이 오싹해진다. 인간이 연구에 몰두해서 발전시키다 보면 자기도 모르게 자신을 피지배자로 전락시킬 물체를 창조할 수도 있겠다는 짐작이 들기 때문이다.

예상하는 일들이 실현되려면 긴 시간이 필요하다고 머리를 흔들고 창밖의 풍경들을 내다보며 느긋한 마음이 되려고 애쓴다. 그리고 오늘도 내가 할 수 있는 일은, 나 자신에게로 돌아가서 마치 미루어 놓은 일들을 끝내야 하듯이, 이런저런 생각들을 되짚어 보며 지난 일을 성찰하거나 미래를 계획해 보는 것이다. 그래도 눈에 띄지 않게 숨어 있어도 좋은 세상의 유일한 피난처인 집이 있어서 다행이다.

내밀함이 응집되는 방구석에 혼자 앉아서 영혼의 집인 내 의식 안으로 들어간다. 부산하게 살면서도 가끔 한적한 시골에서 살고 싶은 집에 대해서 생각해 왔다. 주위 환경이나 땅의 넓이, 집의 크기와 구조도 이리저리 옮기면서 내 마음에 꼭 드는 집을 짓는 중이었다. 그리고 뜰에 심을 채소며 꽃들까지도 골라 메모한 적도 있다. 내 안에 터를 잡은 마을에 그런 집들이 여러 채 있다. 그것은 일종의 이미지이기 때문에 찾아갈 때마다 위치가 바뀌고 일부분만 보여서 완전하지가 않다. 최근에 지은 집으로 들어가서 방문을 열고 장롱과 서랍장을 바라본다. 서랍마다 다른 기억들이 차곡차곡 쌓여있다.

한 서랍을 여니, 눈부신 햇빛이 쏟아져 나오면서 얼굴 모습마저 가물가물한 동무들의 웃음소리가 들려온다. 내 독자적인 삶이 시작된 최초의 시간이다. 동네에 나가서 동무들과 노는 동안에 사랑하고 다투는 일을 반복하면서 친밀한 관계를 시작할 수 있었다. 그래서 이해관계가 개입되지 않은 타인과의 정情이 쌓이는 것을 느끼면서 인간이 무엇으로 사는지를 알 수 있었다. 생각만으로도 마음이 훈훈해지는 그리운 순간이다.

다른 장롱을 여니, 빛과 어둠이 함께 풀려 나온다. 인간이 살아간다는 것은 태어날 때부터 내재되어 있는 욕망과 사회조직의 한 고리로서의 규약 사이의 충돌로 생기는 갈등을 조절하는 능력을 습득하는 것이다. 욕망을 따르는 행위는 사회적 실패로, 고리로서의 의무에 충실하다 보면 안온한 삶을 누릴 수 있지만 행복할 수 없다. 이러한 상황에서 성공적인 삶을 살기 위해서 자신만의 길을 모색하면서 일생을 보내기 때문에 곡예사의 공연이나 다름없다. 그래서 숨김없이 감정을 표현해도 받아 주었던 어린 시절의 동무처럼 내면에 쌓인 불만을 털어놓을 친구가 필요하다. 그래도 공동생활을 하다 보면 본능적으로 마음이 통하는 사람과 가까워져서 내밀한 감정을 주고받으며 견디기가 쉬워진다. 티베트에 "친구가 하나 생기면 길이 하나 더 생기는 것과 같다."는 속담이 맞는 말이다.

내가 살아온 날들을 생각할 때마다 켜켜이 쌓인 시간이 화석처럼 굳어져서 바늘 끝만큼도 바꿀 수 없는 지금, 누구에게랄 것 없이 미안한 마음으로 용서를 구하고 싶다고 가끔 생각한다. 미숙했던 내 자신의 모습이 되살아나기 때문이다. 그러나 그 일을 겪을 때의 나와 지금의 나는 각기 다른 두 사람처럼 의식구조가 변했다고 합리화 시키면서 덤덤해지려고 애쓴다. 이렇듯 무채색으로 떠오르는 기억의 이미지들을 되새김질하는 동안에 감정이 순화되어서 존재의 원초성이 회복된 듯 어지간한 것에도 흔들리지 않게 중심을 잡을 수 있다. 살아가는 일은 내 안과 밖이 끊임없이 부대끼고 어울리면서 조금씩 마음이 원하는 곳으로 가는 과정이 아닌가 싶다.

눈을 뜨고 구석에서 나오니 창이 하얗다. 눈이 쏟아지고 있다. 문밖으로 뛰어 나가서 두 팔을 벌리니 손바닥에 눈이 너울너울 떨어진다. 눈은 벌써 세상을 이불처럼 덮어 버려 개체들을 무無화 시켜버린다. 세상이 하나가 되니, 소소하게 응어리져 있는 여러 생각들이 풀어지면서 단순해진다.

(2021. 2월)

바람 마을

정말로 아무 일도 일어나지 않고 며칠 동안 집안에 적요寂寥만 머무르고 있다. 그 멈춤에 질려 나는 불현듯 앞 창문을 활짝 열어젖힌다. 남한산성에서 날아온 바람이 책상 위에 있는 종이들을 흔들기 시작한다. 조금 있다가 북쪽 창을 여니, 북한산에서 강을 건너온 바람이 쪽지들을 날려 방안을 순식간에 난장판을 만들어 놓더니 방문을 쾅하고 닫아 버린다. 방안은 잠시 숨죽이고 다음에 올 휘몰이판을 기다리는 듯하다. 나는 문을 열어 받침대로 고정시키고 마실 온 두 바람이 어우러진 모습을 본다. 그것들은 집안 이곳저곳을 기웃거리며 잠자고 있는 것들을 흔들어 깨운다. 유리문 속에 들어앉은 책들까지 들썩이는 듯하다. 보이지 않아서 존재를 의심하게 만드는 것이 문을 열자마자 무작정 들어와서 무기물에 생명감을 불어넣어 힘을 과시하며 나를 어리둥절하게 만든다.

잠시 방안을 다 훑고 지루해진 그것들이 손짓으로 나를 문밖으로 이끌어 낸다. 내게 와서 잠시 머물다 간 지난 시간들이 바람의 꼬리가 되어 나를 앞서 나간다. 열정이 넘쳤던 젊은 시절에 내가 원하는 삶을 살아낼 수 있다고 생각하면서 겁 없이 도전해 보았지만 이곳저곳에서 밀려오는 각가지 바람이 진로를 막는 벽이라는 깨달음에 이르렀을 때에 나는 이미 힘을 소실한 장년이 되어 있었다. 그때, 저항하면서 생겨난 부끄러운 기억들은 수없이 털어내도 떠돌다가 꼭 다시 찾아와서 마음을 송두리째 흔들어 놓고 감쪽같이 사라진다. 내가 여러 형태의 바람을 맞아 버티는 동안에 담력이 생겨서 내 뜻을 다소나마 펼쳐왔다고 자위하면서 마음의 요동이 진정되었다. 그러나 지금도 그 흔적들이 유기물遺棄物이 되어 가끔 내 안을 들락거리며 나를 건들고, 연료가 줄어드는 불꽃처럼 사위어 가고 있다.

밖으로 나오니, 방안에 박혀 있던 시간에 세상이 푸른빛으로 개벽이 된 듯 눈이 부시다. 바람이 낮게 깔린 풀을 간질이고 부드러운 웃음소리를 내며 내 몸을 훑어서 자신의 동행을 알린다. 한 치도 발을 뗄 수 없는 나무들이 설렘으로 바람을 기다리는 풍경이 보인다. 바람이 나무의 푸른 솜털 같은 잎들과 나누는 소통의 모습을 보며 숨을 깊이 들이마셔 그 생기를 받아들인다. 그러다가 시들어 가는 꽃잎을 차마 놓지 못하고 있는 벚나무를 흔들어 하얀 꽃비를 만들어 공중에 뿌린다. 그 밑에 철쭉 무더기 위로 목을 쭉 벋어 의기양양하게 솟아 있던 한 가지가 꺾여 있었는데, 그것을 계속 흔들어대며 심술을 부린다. 나는 손짓으로 제지해 보지만 못 본 체 시치미를 떼고 사라진다. 바람은 자유로운 존재여서 뚫려 있는 곳에서 무슨 짓이라도 할 수 있기에 나를 무시한다 해도 도리가 없다.

그들과 함께 움직이는 동안에 나도 한 그루 나무가 된 착각에 빠진다. 작은 관목이 되어 큰 나무들 사이에 끼여 있는 내 모습. 겨울철에 벗은 나무들이 칼바람이 지나갈 때마다 꿋꿋이 견디며 자신을 지키기 위해서 내는 열정의 소리를 듣는 것은 오싹한 경탄이었다. 그런 후에 아무 일 없었던 듯 무심하게 서 있는 모습이 더 놀라웠다. 그 충격적인 경험은 봄철에 그 사이에 끼여 햇빛이 지나가는 동안에 양지가 음지로 바뀔 때에 빛이 그리워서 안달을 하면서도 내가 버틸 수 있는 인내심을 갖게 했다.

폭풍에 흔들릴 때면 그것이 쓰러져서 밑둥치에 깔리지 않을지 조바심을 치며 밤잠을 설친 적도 있었지만 그런 급박한 순간의 긴장감이 내 가지를 튼실하게 키워 놓았다. 그들을 닮아 보려고 가지를 높이 뻗어 올리다가 바람에 꺾여 그 상처로 수액을 흘리면서 내 능력을 알아차리고 낮게 살아가는 길을 터득하게 되었다. 낮은 곳에서도 호기심을 잃지 않고 크고 작은 잎을 펼치고 꽃 몇 송이 피워 향기를 터트려 지나는 사람의 눈길을 끄는 것이 소소한 기쁨이 되어 화려한 나무들에 대한 부러움을 견뎌왔다.

이렇게 살아온 지난 시간을 돌이켜 보니, 나는 감각으로 인식되는 가깝고 먼 이웃들과 어울려 희로애락을 표현하며, 혼자서 내 힘으로 작고 큰 목표에 이르려고 애쓰며 살아왔다. 그러나 마음에 드론을 띄워 지난 시간 전체를 일별해 보니, 너무 거대해서 감각으로 느낄 수 없는 나라의 운명이나 사회, 이제는 세계사조 같은 흐름 속에서 '나'를 독립된 개체로 구별하기가 불가능한 것이 보인다.

지난 세기에 우여곡절로 얼룩진 우리나라 정치현상들은 큰 바람처럼 나라 전체를 폭력에 의한 비합리적 흐름으로 몰고 가면서 국민 생활을 세차게 흔들었다. 전쟁으로 월남하여 이산가족으로 살아야 했던 노년세대의 깊은 한. 군사정권 아래에서 폭력에 노출되었던 똑똑한 젊은이들 역시 한동안 사회활동에 제한을 받아서 억울한 삶을 살아야 했다. 목숨으로 저항할 수밖에 없었던 그들의 도전정신으로 나라가 조금씩 '선'한 방향으로 변화되어 자유로운 나라로 안정되어 가고 있다. 그들이 유럽에서 태어났으면 자기 일에 집중하면서 엘리트로서 사회발전에 공헌했을 것이다.

이처럼 정치적 혼란은 국민정서에 한이 쌓이게 했다. 그래서 기성세대들은 기를 펴지 못하고 살아왔다. 다행히도 한이 없는 신세대가 타고난 신명을 살려 세계 젊은이들의 흥을 돋우고 있는 모습은 안정된 사회에서 발생할 수 있는 문화현상이어서 우리 모두를 아주 기쁘게 한다.

인간으로 살아간다는 것은 존재의 외로움과의 씨름이다. 그런 시간에 같은 흐름 속에 살아가고 있는 동시대인과의 공동체 의식을 떠올리면 고립감에서 다소 위로받을 수 있다. 그래서 모두와의 어울림에서 내 존재를 부각시키려는 욕심을 줄이고 누구나 함께이면서 동시에 혼자라는 이율배반적인 존립상황을 받아 들여서 홀로 있는 시간을 사랑하면서 살아야 한다.

이처럼 세상살이는 눈에 띄는 존재들과의 생존경쟁으로만 생각하기 쉬운데, 보이지 않는 거대한 존재들에서 발생하는 무형의 흐름이 인간을 몰고 가는 것을 확실하게 인지해야 거품이 끼지 않은 현실을 인식할 수 있다. 그 흐름 속에서도 개체들이 창의적인 시간을 엮어 가려고 노력하면서 변화 있는 사회를 만든다. 그래서 우리가 발 디딘 이 터는 사방에서 찾아오는 수많은 존재들이 삶의 방향타를 움직이는 바람 마을임을 깨닫는다.

(2019. 6월)

변명

―예수께서 다시 아무 말씀으로도 대답하지 아니 하시니 (마가:15:5)―

"어련히 나올까 봐 문을 두드려요?"

그녀는 화난 표정으로 내게 눈을 흘기면서 나왔다. 삼 일째 호주여행을 같이하고 있는, 나이가 십여 살 아래의 여자였다. 두 칸만 있는 구식 화장실에 들어왔을 때에 한 칸에 한 사람이 들어가고 있었고, 다른 칸의 문이 닫혀 있었기에 확인하려고 노크하다가 벌어진 상황이었다. 나는 아무 말도 하고 싶지 않아서 묵묵히 그 안으로 들어갔다. 그녀는 여행하는 내내 전투적인 자세로 이 사람 저 사람과 부딪치고 있었다. 젊은 시절의 내 한 모습이 저러했을 것이라는 생각을 하며 너그러운 마음을 가지려고 침을 삼켰다.

시드니 시내를 통과하면서 가이드에게 아주 커 보이는 마트에 잠깐 들르게 해달라고 부탁했더니 시간이 없다고 잘라버렸다. 마트에는 면세점에 없는 편리한 일상품들이 있어서 부탁해 보았던 것이다. 우리 대화를 듣던 일행들이 여기저기에서 내 의견에 가세하자 그는 마지못해 차를 세워 주면서 “시간이 없으니 빨리 나오세요.”라고 말했다. 전에 들렀던 면세점 앞에서 표를 나누어 주면서 “천천히 몇 시까지 나오세요.”라고 했던 말과는 큰 차이가 있었다. 타국에서 살자니 어쩔 수 없겠지, 하고 털어버렸다. 일일이 타인의 행위에 시비를 걸면 내 마음에 울화가 쌓인다는 것을 알 만한 나이가 되어서 다행이었다.

큰 매장에는 낯선 물건들이 많아서 영어로 쓰인 설명서를 읽어줄 사람의 도움이 필요했다. 여기저기에서 내 팔을 끄는 사람들을 위해서 도우미 역할을 하다 보니 내가 사려는 물건을 찾을 시간이 없었다. 나중에 몇 가지 물건을 챙겨서 서둘러 계산하고 버스에 발을 딛고 올라서는 순간에 “뭘 그렇게 많이 사면서 이렇게 늦게 돌아오면 어떻게 해요. 버스가 떠나지 못하고 기다리고 있잖아요.”라는 호통이 떨어졌다. 버스에서 내리지 않고 기다리던 나이든 분이었다. 그러나 버스 안에서 나를 위해서 변명해 주는 사람은 아무도 없었다. 나는 말없이 자리로 들어가 앉았다.

살면서 타인에게서 오해를 받는 일이 한두 번이 아니지 않았던가? 그 일에 대해서 해명하고 싶은 마음이 드는 관계인 사람에게는 적극적으로 규명을 해야 하지만, 입을 열어서 변명하는 자체가 구질하게 생각되는 경우에는 그대로 입 다물고 자존감을 지키는 것이 좋다.

며칠 전에 매달 갖는 정기 모임에 참석하기 위해서 준비하다가 빠듯한 시간에 집에서 출발했다. 이 '빠듯한 시간'의 출발을 고치려고 애쓰면서도 잘 고쳐지지 않아서 허둥대며 전철에 발을 디디면서 '죽어야 고칠 버릇'이라고 했던 친구의 말을 생각했다. 차만 잘 달려주면 시간 안에 도착할 수도 있을 것 같다고 생각하며 자주 시계를 들여다보았다. 그런데 몇 정거장 안 가서 "이 차는 신설동으로 가는 것이니 을지로 쪽으로 가실 분들은 다음에 오는 차로 갈아타 주시기 바랍니다."라는 안내 방송이 있었다. '가던 날이 장날'이라더니, 하필 이 시간에 이런 차가 왔는지 괜한 분기마저 느껴졌다. 도중에 예기치 못한 일이 일어날 수 있기에 여유 있게 출발하려고 다짐하지만 습관을 고치는 것이 말처럼 쉽지 않았다.

정한 시간에 늦은 것은 당연한 귀결이었다. 차례대로 이어지는 말은 시작되었고, 미안하다고 작은 소리로 중얼거리며 자리에 앉았다. 옆에 앉은 친우가 왜 늦었느냐고 물었다. 나는 다른 곳으로 가는 차를 탔다가 내려서 다음차를 바꿔 타면서 늦었다고 변명했다. 내가 준비를 '빠듯하게' 했다는 소리는 하지 않았다. 잘못은 내가 한 것이 아니고 전철이 한 것으로 둘러대면서 마음이 따끔했다.

물론 틀린 말은 아니었지만 더 근본적인 잘못은 내게 있었다는 것을 나는 알고 있었다. 그러나 내가 잘못했다는 것을 다른 사람 앞에서 인정하는 것이 싫어서 그럴듯한 이유로 둘러대고 나면 찌꺼기 같은 것이 마음에 남아서 개운하지가 않다. 변명이란 하는 것보다 안 하는 것이 더 좋다. 변명이란 자신의 약점을 감추기 위해서 자기합리화로 화장한 얼굴이다.

(2017. 7월)

가장자리에 서서

한가한 시간에 나무 사이로 들어가서 어정거리며 나뭇잎들을 만지고 혹 꽃이라도 피어 있으면 한참 그것을 바라보며 교감하는 일을 즐긴다. 그러노라면 나무들이 나를 그들의 식구로 받아들이는 듯하여 편안해지기 때문이다. 그런데 내 길을 막는 방해꾼과 맞닥뜨려서 걸음을 멈춘다. 나무 사이 빈 공간에 촘촘히 망을 짜고 그 한가운데 꼼짝도 하지 않고 버티고 있는 커다란 거미다. 그는 대단한 배짱을 가진 녀석이다. 마치 봉건시대의 군주처럼 자기가 쌓아놓은 성의 중심에서 성안에 들어오는 모든 존재를 휘두를 힘을 쥐고 있다고 생각하는 듯하다. 도구를 사용할 수 있는 내가 나뭇가지를 주워서 휘두르면 끝나는 승부이지만 물리적인 힘으로 그의 성을 뭉개서는 안 된다는 생각에 옆으로 돌아서 집안으로 들어오면서 내가 살아온 수많은 틀에서 반복되었던 중심과 가장자리의 도치를 생각했다.

아메바에서 인간에 이르기까지 우주의 중심은 자아自我이다. 그래서 움직일 수 있는 능력을 가진 생명체는 살아야 할 영역이 정해지면 자신이 중심이 될 최소한의 공간을 확보하기 위해서 무의식중에 타자를 밀어낸다. 어린아이가 태어나면 생존 욕망으로만 가득차서 그것을 채워 줄 부모에게 절대적으로 의존한다. 자라면서 다른 가족들과 마음의 교류를 통해서 정서적인 만족감을 알기 시작하면서 타자를 자신의 영역으로 받아들여서 공동체 의식을 가져야 살 수 있음을 깨닫게 된다. 이렇게 사회인으로 자신의 위치를 인식하기 시작하면서 철이 들기 시작한다. 그리고 사회생활을 하면서 그룹의 중심에 들어가야 자신의 뜻을 펼칠 수 있다는 생각에 잠재 능력을 갈고 닦아서 중심을 향해 전진한다.

이처럼 산다는 것은 자신이 속한 집단 안에서 조금씩 중심에 근접하면서 존재의 의미를 증명해 나가는 것이 아닐지. 이것을 위해 교육이 능력을 개발시키고 내면의 올바른 가치를 정립시켜서 현장에서 뜻을 펼칠 적응력을 길러 준다. 그러나 많은 난관에 직면하면서 길을 잃기도 하고 의미 찾는 방황도 하면서 무조건적인 생명 유지를 하고 있다는 생각도 하게 된다. 그렇게 한참 살다 보니, 내가 행복한지 자문하는 일이 잦아지게 되었다. 행복은 주관적인 감성이기 때문에 지속되는 것이 아니고 마음을 들락거리는 의식이어서 무의식화 되게 하려면 긍정적인 마음으로 관계를 맺으면서 중심에 대한 관심을 털어 버려야 한다. 그렇게 사람들과 교분을 나누며 평안한 마음으로 지내다가 일터를 떠나왔다.

나는 은퇴한 첫 해에 끝없이 길게 늘어서서 내 처분을 기다리는 시간에 당황했다. 조금씩 시간을 분할해서 사용하기 시작하면서 가장자리로 밀려난 내 삶을 실감하기 시작했다. 아주 멀리 유배 온 듯 소외되어 외롭게 살아야 하는 처지에 대해서 가련한 처지가 되었다고 생각했다. 그러나 아직도 내 앞에 남아 있는 시간을 위해서 마음이 원하는 일을 찾아낼 필요가 있었다.

이제야 말로 그룹의 스케줄에 맞추던 시간을 내 임의로 기획하고 실천하면서 살아간다면 가장자리에서의 소외감이 사라질 수 있다는 생각으로 마음을 추슬렀다. 그리고 마음속에 있는 생각들을 뒤지기 시작했다. 내가 생각했던 잡다한 아이디어나 다른 사람들과 나누었던 대화들을 되살리며 절실하게 하고 싶은 일이 있는지 찾기 시작했다. 그러나 나 자신의 만족을 위해서 하는 일은 소일거리일 뿐이지 실제로 가슴 뛰게 할 만한 새로운 일은 없었다. 희망의 성취란 사회에서의 좌표가 있을 때만 가능한 것이다. 글쓰는 일을 하면서 행정적인 일에도 참여하고 동인활동하면서 문우들과 어울리는 일에 오솔길이 생겼다.

실제로 나는 생활의 현장에서도 중심부에 있다는 생각을 한 적이 별로 없었던 듯하다. 무엇인지 결핍되어 있다는 생각을 하며 살아왔기에 선뜻 앞장서는 일을 하지 않았고, 뒤에서 구경하다가 슬며시 한발 들여놓는 방법으로 살아왔다. 뜻이 다르고 감성도 다른 사람들이 한 가지 목표를 위해서 일을 하다 보면 삐걱대기도 하고 의견 충돌이 생기면서 이합집산을 거듭하기 때문에 그 소용돌이에 휘말리기 싫은 안일한 성격 때문이었던 듯하다. 그런 소극적인 태도로 살아왔기에 중심부에 들어가지는 못했지만 맡겨진 일에 충실하면서 일에 대한 만족감으로 행복했었다. 스스로의 관점에서는 나는 내 삶의 중심에 발을 잘 내디딘 것이었다.

사회조직에서 물러나 변두리에서 구경꾼이 된 지금, 나는 타인과의 균형을 생각하면서 나를 드러내지 않으려고 노력했던 '나'가 보이기 시작했다. 타인에 의한 칭찬이나 비난에 비틀거렸던 자신의 중심에 내가 노력하며 세워보려고 애써왔던 나 자신에 대한 가치나 신념, 어떤 일을 하더라도 진실을 놓치지 않으려는 자세가 내 안에 세워져 있어서 타인의 말에 많이 흔들리지 않고 살고 있음을 깨닫게 되어 안심이 된다.

삶의 중심부에서 번져 나오는 진정성의 결핍과 메마름을 객관적으로 바라보며 그곳에 합류할 필요가 없으니, 스스로의 삶의 길을 찾아나가면 된다. 이제 나는 내 자신에 대한 믿음에서 일상을 시작하고 끝맺으면서 타인에 대한 두려움이 적어졌으니, 나는 내 마음속에 중심부가 있음을 느낀다. 어디에 속해 있든지 자신의 정체성에 대한 신뢰가 있으면 바로 내가 중심부가 되는 것이다. 가족의 행위가 내 마음에 들기도 하고, 전혀 볼썽사나울지라도 그들이 바로 나인 것처럼. 많은 욕심을 내지 않고 진심으로 타인과 관계를 맺으면서 평범한 인간살이를 이어간다면 나는 어디에 있던 내 삶을 충실하게 살고 있는 것이다.

(2023. 5월)

II.

사회현상의 콜라주

소나기

한여름, 하늘에서 내쏘는 강렬한 빛을 받아 땅에는 생명들의 기가 가득하다. 그 힘을 온몸으로 받아보려고 가슴을 활짝 열고 걸어가노라니 바닥에 깔려 있는 내 생명력도 조금씩 차오르는 듯 생기가 몸에서 돈다. 바람기가 느껴져서 아래로 눈을 돌리니, 길모퉁이에 그림인 듯 앉아있던 보송보송한 강아지풀이 흔들리기 시작한다. 그 흔들림이 풀잎을 타고 나뭇가지로 오르면서 예제없이 공간 전체가 파도처럼 버석거린다. 햇빛을 반사하며 즐겁게 수다를 떨고 있는 나뭇잎들 위로 후드득 물방울이 떨어지기 시작한다. 생각에 몰두하느라 검어지는 것도 눈치채지 못했던 하늘에서 불이 번쩍하더니, 모방할 수 없는 강렬한 파열음이 천지를 흔든다. 갑작스런 날씨 변화에 나무 사이로 보이는 정자를 향해 뛰어들어 간다. 비를 흠씬 맞아 후줄근한 내 모습을 내려다보면서 피할 여지없이 고통의 구렁으로 내몰렸던 얼굴이 떠올랐다.

"나라에 힘이 없어서 억울하게도 끌려가서 이렇게 인생을 희생당하고 평생을 이야기했으나…, 그자들은 잘못했다는 말도 안 하고 돈 몇 푼 던져놓고 버티고 있다. 천억을 준대도 사과 없이는 받을 수 없다. … 그렇다고 역사가 바뀌지 않는다."

이 말을 들었을 때에 누가 이보다 더 정확하게 자신의 처지를 설명할 수 있을까 하는 놀라움이 컸었다. '힘없는' 나라에 밀려들어온 외풍外風을 타고 쏟아지는 폭우를 온몸으로 받아서 '희생당했던 한'을 풀기 위해서 '평생' 나름 힘껏 저항하던 분이 돌아가시기 전에 했던 말이다. 그녀가 원했던 것을 '돈 몇 푼'으로 착각한 정치가의 해결책은 억울함을 더 깊게 한 듯했다. 가해자들은 돈 몇 푼으로 역사의 짐을 털어낼 수 있었으니 얼마나 마음이 가뿐했을까. 그러나 그녀는 진심이 담긴 사과만이 한을 풀 올바른 해답임을 알고 있었다. 배우지 못했기에 아이처럼 직관으로 본질을 똑바로 보고 가해자에게 그것을 요구하면서 그들을 바늘방석에 앉혀 놓았다. 그러나 그녀가 바라는 진심이 손바닥으로 하늘을 가리며 버티고 있는 사람들에게서 나올지는 알 수 없다. 그러나 '역사가 바뀌지 않는' 것은 잊지 말아야 할 것이다.

인간이 잘못을 시인하고 사과하는 것은 정직한 마음으로 살고 있는 사람만 가능하다. 그러나 그렇게 순수한 마음으로 사는 사람은 거의 없고 입장에 맞는 대응을 궁리해서 피해보려는 경우가 더 많다. 하물며 한 나라가 상상할 수도 없는 범죄를 저지른 것을 인정하면서 후손들에게 몰염치했던 선조들의 행위를 받아들이게 하는 일이 쉽지는 않을 것이다. 그러나 그보다 더한 일을 저지르고도 솔직했기 때문에 용서 받은 사례가 있다.

얼마 전에 폴란드 아우슈비츠의 유대인 학살 수용소 벽에 "그들을 용서하자, 그러나 잊지는 말자"라는 플래카드가 붙어 있는 것을 TV에서 보고 역사적 한이 풀린 것을 알았다. 그 계기가 되었을 것으로 짐작되는 장면을 떠올려본다. 1970년에 독일 수상 빌리 브란트는 히틀러에게 희생된 유대인 40만 명을 위해 건립된 바르샤바 게토 추모비 앞에서 갑자기 겨울비를 맞으며 무릎 꿇고 사죄하여 세계인들을 놀라게 했다. 진심어린 사죄만이 한을 풀어낼 수 있음을 알고 있는 정치가의 용기 있는 모습이 아주 감동적이었다. 그런 참회는 끔찍한 사건을 용서할 수 있게 했을 것이고, 나도 그때부터 독일인에 대해서 신뢰감을 갖게 되었다. 반면에 진실을 외면하고 천연덕스러운 모습으로 살고 있는 일본인들은 참 뻔뻔하다는 생각이 들었다.

국가 간의 거래는 국가의 이익이 우선이기 때문에 상대국의 입장에서 이해하는 것이 불가능할 수도 있다. 그렇더라도 자국민의 정서에만 몰두하여 진실을 외면하면 우호적인 관계를 이어나가기 어렵다. 일상에서 마주하며 사는 사람들과의 사귐도 신뢰가 바탕이 되지 않고는 오랜 교분을 나눌 수 없다. 더욱이 잘못한 사람이 시치미를 떼고 있으면 인간의 기억에서 이미지는 사라져도 그때 느꼈던 감정의 잔유물인 정동情動이 남아서 적대적 기류가 흐르는 것을 주위에서 여러 번 보았다.

그런데 문명이 발달하면 할수록 진심을 표현하며 사는 일이 어려워서 서로간의 믿음이 옅어지고 있다. 생활의 편의를 위해서 자연의 순리를 변형시킨 문명의 이기들과 동거하는 동안에, 우리마음이 살기 편리한 위장과 허세의 덧옷을 입고 사는 일이 자연스러워졌기 때문인 듯하다. 더욱이 SNS가 발달하면서 누군가가 익명의 뒤에 숨어서 실제 스토리를 자신의 의도에 맞게 살짝 왜곡시켜서 퍼트리기 시작하면 코드가 맞는 사람들을 통해서 전국으로 삽시간에 퍼져 나가 여론으로 부상되면 진위 여부는 별로 중요하지 않게 된다. 믿을 만한 사람으로부터 받은 메시지가 시간이 지난 후에 팩트 체크에 걸려 검은 의도가 드러났을 때에 어이없어 헛웃음을 날린 적이 한두 번이 아니다. 지금 나는 진위 구별 감각을 예민하게 작동시켜 속지 않고 살아가려고 애쓰는 중이다.

우리 언어에서 '진리'라는 말이 퇴화된 지 오래다. '진실'이란 말도 사용빈도가 낮아졌고, '일리一理'만이 가끔 살아서 '참'에 대한 그림자를 볼 수 있게 한다. 그래서 친구에게조차 진심을 털어놓기가 망설여진다. 삶의 능률과 속도가 향상되어 쾌적하게 살 수 있는 세상이 되었으니 인간생활은 놀랍게 진화되었다. 그러나 꾸밈없는 자연의 순리와는 점점 멀어져서 4차 산업시대가 눈앞에

와 있는 것은 어쩌면 필연적인 단계라고 할 수 있다. 이어서 5차 산업시대가 도래하면 동반자인 로봇과 살아가기 위해서 팩트에 대한 기술만 배우면 되니까 가짜를 구별할 필요조차 없는 시대에서 살아야 할지도 모른다. 그렇다면 인간이 진짜를 찾아내려고 애쓰는 지금이 훨씬 나은 것은 아닐지. 나는 가끔 IT산업이 고도로 발달할 미래에 대해 공포심을 느낀다. 변화의 속도에 맞게 적응할 수 없을 것에 대한 두려움으로 그 시대에 내가 살지 않아도 된다는 것에 안도감을 갖는다.

상념에 잠겨 있는 동안에, 어느덧 비가 그치고 시원한 바람이 내 주변을 감돌아 길을 안내한다. 발을 내디디며 뒤를 돌아본다. 사회에 발을 들이면서 솔직하게 마음을 드러내면 미성숙한 사람으로 취급받기 때문에 속내가 보이지 않도록 세련된 덧옷을 걸치고 살아왔다. 그래서 주변에 깊이 정을 나눌 동무가 거의 없다. 지금 나는 마음속의 정자에 숨어서 위장된 덧옷 한 조각씩 벗기는 일을 하고 있다. 인간은 본심을 알 수 있는 직관이 있기 때문에 아무리 정교한 위장이라도 거듭 만나다 보면 드러나서 신뢰가 무너진다. 그래서 '일리'에라도 맞는 정직한 마음을 찾아내려고 애써 본다. 그러나 오랫동안 다른 사람들이 평가해준 나를 지키려고 노력했기 때문에 숨겨진 내 자신으로 돌아가는 것이 쉽지 않다. 그러니 누구의 진심을 논할 수 있겠는가.

(2019. 여름)

목련 꽃잎의 파격

산책을 나왔다가 여름볕이 뜨거워서 팔을 넓게 펴고 졸고 있는 목련나무 밑으로 들어간다. 촘촘히 달린 넓은 잎이 짙은 그늘을 만들어 지나는 생물들에게 쉼터를 제공하는 모습을 올려다보니 마음이 따뜻해진다. 나는 봄이 되면 목련 나무를 찾아 서성이는 버릇이 있다. 며칠을 오가다 보면 하얀 꽃잎이 벌어지기 시작하는 것을 볼 수 있다. 아직 먹물에 적셔 본 적이 없는 붓끝 모양으로 솟아오른 봉오리에서 두세 잎이 밑으로 벌어지기 시작하면서 만들어 내는 파격에 나는 무심無心해진다. 목련은 만개하면 동글동글하게 굴곡진 원반 같은데, 두세 잎 벌어질 때의 모습은 송아리마다 그 모습이 달라서 각 송이를 살피느라 그곳을 떠나지 못한다. 그래서 그 순간을 놓칠세라 나무 밑을 어정거리게 된다. 그 한 봉오리에 담겨있던 이야기가 내게로 온다.

작년 봄에 도시 근교 산에 큰 백목련 나무가 봉긋봉긋 가지

끝마다 봉오리를 위로 치켜들고 우산처럼 퍼져 있는 아름다운 자태에 넋 나간 듯 홀려서 접근하고 있었다. 그런데 한 여고생이 봉오리를 똑 잘라서 들여다보고 있었다.

"아까 워라! 일 년을 준비한 꽃송이가 피지도 못하고 꺾였네."

그녀는 찌푸린 얼굴을 들고 나를 쳐다보기만 했다.

"입학시험을 준비한 학생이 시험 보러 가다가 사고를 당해서 주저앉는다면 어떨 것 같아?"

"나는 대학 진학 못해요."

그녀가 내 말귀를 못 알아들어서 한 말은 아닐 것이다. 그녀의 마음속에 도사린 좌절의 고통을 무의식중에 뱉었을 것이다.

"미안하군. 내가 예를 잘못 들었네. 그렇다고 엉뚱한 곳에 화풀이하면 어떻게 해."

"사실 저도 따고 나서 잘못했다는 생각을 했어요."

나는 그녀의 등을 두드리며,

"대학이 유일한 길은 아니야. 친구들과 다른 너만의 길을 찾아봐. 자기 앞에 놓인 미래의 시간을 소중하게 생각하면서 자신의 삶을 사랑해야 해." 라고 했지만 마음에 담기지는 않을 것이라고 생각했다.

그 나이에는 대학 진학이 미래를 잘 열 수 있는 유일한 길로 생각될 것이다. 많은 친구들이 가려고 하는 그 길을 포기하고 낙오된 감정으로 갈 길을 찾아야 하는 아픔을 위로할 말이 무엇일까. 마음에 쌓이는 화기火氣는 화禍가 되어 생명의 힘을 소실시키기 때문에 분노를 털어내고 가능한 오솔길이라도 빨리 찾을 수 있기를 바라면서 그 아이가 떠나는 뒷모습을 바라보았다.

고등학교를 졸업할 때에는 독립된 생애의 첫 발을 내딛기 위한 직업과 연결된 진로를 선택하는 것이 가장 큰 딜레마이다. 그래서 사회적인 체제에서 공인된 길을 가려고 흥이 충만한 십대를 교과서와 씨름하며 암울한 시간을 보낸다. 벋어나갈 길과 연결된 학과를 전공하기 위해서 대학에 진학하는 것이 사회로 진출할 때에 좋은 일터를 얻을 수 있는 가장 보장된 경로이기 때문이다. 인간에게 최우선시 되는 것이 생계라는 것은 두말할 필요가 없다.

A 씨는 "명문대학만 가면 모든 문제가 다 해결되는 줄 알았어요. 졸업 후에 대기업에 들어갔는데, 신입사원은 온갖 허드레 일로 밤 11시에 집에 가서 쓰러져 자는 일을 하면서 나는 일하는 기계가 아니라는 생각이 들었어요. 2년 후에 퇴사하고, 지금은 저녁 시간을 주는 일자리를 얻기 위해서 다시 폴리텍 대학에 입학해서 교육을 받고 있어요." 이 말을 들으면서 부모세대는 철없는 소리라고 나무랄 것이다. 궁핍한 시대에 살았던 기성세대는 가족을 부양하기 위해서 넉넉한 보수를 받는 안정된 직장을 얻으려고 노력했기에 대기업을 가장 좋은 직장이라고 생각한다.

요즈음 젊은이들은 '워라밸(work and life balance)', 즉 일과 삶

의 균형이 이루어지는 직업을 찾는다고 한다. 생활을 위해서 필요한 만큼의 보수를 받고 창의적인 일을 하면서 내면의 만족감을 느끼며 살고 싶어 한다. 그래서 일터에서 스트레스 제로를 지향하며 즐길 수 있는 일인지를 먼저 가늠한다. 정시에 퇴근하여 저녁에 자유로운 휴식 시간을 갖고 주말에 가족이나 벗들과 만나서 즐겁게 살고 싶은 것이다. 앞으로 이런 중소기업이 한국경제를 이끌어 갈 것이라고 예측하는 학자도 있다. 기성세대는 일하기 위해서 살았다고 할 만큼 일터에 시간을 다 쏟았는데, 미래 세대는 행복하게 살기 위해서 일하는 건전한 직업관을 갖기 시작한 것은 참 다행한 일이다. 그렇게 되면 대기업도 몰려드는 인재들 중에서 마음대로 골라 쓸 수 있다는 생각을 바꿔야 할 것이다. 대기업에 입사한 10명 중에 2년 안에 퇴사를 고려하는 사람이 6명이나 된다고 하니 시대가 바뀌고 있는 것이 확실하다.

30년 전에 미국에서 살 때에 대학을 졸업한 한국 학생이 잘 알려진 회사에 원서를 내고 면접에 다녀온 이야기를 듣고 신기했었다. 그는 뉴욕에 살고 있었는데, 본사가 있는 보스턴에 가니, 회사에서 면접관이 나와서 호텔에서 숙식을 같이하며 하루를 함께 지내는 동안에 친한 지인처럼 많은 대화를 나누고 왔다고 했다. 그렇게 하면 일의 기능이 우선시 되는 면접이 전 인격적 검증을 통한 선택이 되어 좋은 인재를 고를 수 있을 것이라고 생각했었다.

기성세대들이 고정된 사고로 짜인 틀에서 살고 있는 동안에 그 틈새에서 새로운 추세가 싹트고 있음을 알고 나니, 사회에 발전에너지가 마르지 않고 있다는 것이 기쁘다. 젊은 사람들의 '워라밸'에 응원을 보낸다. 한 번뿐인 자신의 시간을 남 보기에 좋은 일을 하면서 살 필요는 없고, 처해 있는 환경에서 보람 있는 일을 하며 '지금'을 벅차게 사는 삶이 가장 행복한 것이다. 한 가지도 바꿀 수 없는 지나간 과거를 생각하며 후회할 필요는 없다. 미래는 내게 오리라는 예측으로 준비하는 것은 필요하지만, 불확실한 시간을 위해서 현재를 희생할 필요는 없다. '지금'을 누리며 잘사는 젊은이들의 삶이 되기를 응원한다. 목련 꽃잎이 예측 불가능하게 벌어져서 기대감을 갖게 하듯, 상상할 수 없었던 쪽으로 방향을 틀고 있는 미래 세대가 펼칠 시간이 설렘으로 기다려진다.

(2018. 여름)

리허설

눈만 뜨면 터져 나오는 여러 종류의 사건으로 황망해지는 마음을 안정시키기 쉽지 않다. 따사로운 햇볕에 앉아서 사람들이 바삐 오가는 건널목을 내려다보다가 손바닥을 펴보니, 잔주름 사이로 손금이 부각된다. 젊은 날에 그 속에 팔자가 들어있다는 말을 듣고 손금의 굴곡이 가리키는 의미를 외워서 친구들의 손바닥을 펼쳐 아는 시늉을 하며 웃었던 생각이 난다. 세 개의 굵은 줄이 운명을 알게 한다면 사는 일이 얼마나 쉬울까? 좋은 일은 내 노력의 결과라고 생각하며 성취감으로 우쭐해 하고, 나쁜 일은 탓할 곳을 찾기 위해서 두리번거리다가 손금이 눈에 띄어서 거기에다가 허물을 씌우고 털어버리는 우스갯짓도 했었다.

인간은 자신의 약점을 쉽게 인정하지 못하고, 잘못한 일에 대해서 책임지는 일은 절대로 해서는 안 되는 일인 것처럼 회피하면서 누군가에게 떠넘긴다. 약점, 나도 외출할 때에는 거울 앞에 앉아서 얼굴의 못생긴 부분을 화장품으로 감추어서 조금이라도 괜찮은 얼굴로 보이려고 노력한다. 옷도 이것저것 골라서 입고 혼자서 “리허설이 끝났으니, 나가자.”고 중얼거리며 웃는다. 그러면 외출이 놀이처럼 즐겁다.

남편도 외출 리허설에 나를 참여시켜서 와이셔츠며 넥타이를 고르고 “좋~아~!” 해야 외출한다. 그는 음악을 전공한 사람이어서 현직에 있을 때에 음악회 직전에 꼭 리허설을 했다. 나도 몇 번 참관한 적이 있었는데, 그동안 연마해 온 기량을 잘 드러내기 위해서 마지막 점검을 하면서 최고의 모습이 보이도록 여러모로 궁리하고 판을 짰다. 그곳에서 보인 허점은 누구에게도 돌릴 수 없이 자신이 감당해야 할 약점으로 남기 때문이다.

연극 연출가는 극을 무대에 올리기 위해서 배역을 정하고 연기를 지도하면서 다른 분야보다 더 절대적인 힘을 행사한다. 한 연출가가 여배우들을 농락한 사건이 표면으로 떠올랐을 때에 놀라움이 컸다. 그런데 당사자가 기자회견을 위해서 변호사와 상의하면서 리허설을 했다는 말은 더 큰 충격을 주었다. 도덕적인 명예의 추락과 법적인 책임을 최소화하기 위해서 약점을 포장하여 내놓은 말은 “관계는 했으나 폭력은 없었다.”였다. 사죄 대신에 내 책임이 아니라고 슬쩍 발을 빼면서 상대에게 덮어씌워 법적 책임에서 벗어나려는 파렴치한의 짓을 하려고 리허설을 했다니.

한 여배우는 그의 폭력적 성관계를 거절하고 방을 뛰쳐나와서 충격을 가라앉히기 위해서 커피 한 잔 마시는 동안에 관계자로부터 자신이 주연으로 십 회 상연 예정이었던 연극이 취소되었다는 통보를 받았다고 했다. 그녀는 "커피 한 잔 마시는 사이에" 라는 말을 반복했다. 그 짧은 사이에 돌아온 피해를 소속원들은 이미 알고 있음직한데, 나섰다가는 자신에게도 똑같은 결과가 올 것을 알기 때문에 입을 다물어 왔으리라.

휘하에 모여든 여러 예술 지망생들의 꿈을 이루게 해 줄 힘을 미끼로 한순간의 동물적 욕망을 채우면서 누려왔던 지도자의 모습이 TV 화면에서 뻔뻔하게 보인다. 피해자들의 자존감을 짓밟아서 건강하게 살아갈 생애를 추락시켜 놓고 자신의 추락은 받아들이지 않으려는 비굴한 몸부림이 추하다. 차라리 손금을 보이면서 내 팔자 속에 바람기가 들어 있다고 했으면 어땠을까 하는 생뚱맞은 생각을 하며 헛웃음을 흘린다.

그는 자신이 만든 예술작품을 마지막 무대에 올리기 위해서 수없이 리허설을 했을 것이다. 본 무대가 시작되면 자신의 역할은 끝나고 배우들의 몫이 된다. 지금 그는 자신의 생활에 대한 연극을 본 무대에 올리기 위해서 리허설을 했고, 본인이 배우가 되어 상연을 했는데, 각본이 개연성이 없는 허구이기 때문에 관객들은 더 큰 의문을 가지고 내려진 막 뒤에 의심의 눈초리를 던지고 있다. 머지않아 그곳의 진실이 드러나고 엄중한 평가가 내려질 것을 기대한다.

문학사조에서 19세기 말에 시작됐다가 사라진 자연주의에서 인간의 삶을 결정하는 세 가지 요소를 굶주림과 성욕, 공포라고 생각했다. 이것들은 정치 지도자들도 이용하는 인간의 원초적 욕망들이다. 좋은 지도자는 최우선으로 백성의 굶주림을 해결하기 위해서 노력한다. 독재자는 정권을 유지하기 위해서 반대 세력을 공포로 다스린다. 성욕은 교육을 통해서 다져진 예의범절로 억제할 수 있는 능력을 갖게 된다. 그러나 일상에서 신사이다가 기회가 오면 위력으로 약한 여자를 제압한다. 남성 중심 사회에서 여성은 늘 불리한 입장에서 폭력의 피해자가 되어왔다.

법적으로 남녀평등 사회로 자리 잡은 지 상당한 시간이 흘렀다. 그러나 동물적 욕망이 잘 다스려지지 않은 남자들은 직무상의 힘으로 아래에 있는 여자들을 농락하는 일들이 종종 뉴스에 떠올랐었다. 수동적인 위치에 있는 여자들이어서 일회성 사건으로 끝이 났었는데, 미국에서 시작된 '미투(Me too)'운동은 페미니즘의 횃불로 타오르면서 세계로 퍼져나가고 있다. 성별을 떠나서 인간은 모두 고귀한 생명으로 세상에 태어나서 매 순간 자신의 의지대로 삶을 꾸려나가는 것이 당연함을 남성들에게 주지시키는 운동이다.

피해자들이 앞장서고 있는 시대의 바람은 누구도 막을 수 없다. 그들이 용기로 시작한 이 운동은 앞으로 오는 세대들에게 부끄럽지 않은 사회를 물려주고 싶은 정의로운 마음에서 출발했기 때문이다. 이미 여성을 존중하는 남성이 훨씬 더 많은 세상임을 모두 알고 있다. 그들 중에 억울하게 누명 쓰는 일이 없도록 신중해야 할 것이다. 제삼자가 지나치게 간여하여 가해자나 피해자의 가족들에게 깊은 상처를 주는 일은 절대 있어서는 안 된다. 그들도 피해자이니까. 사회 구성원 모두가 바른 사회로 나가는 운동에 발을 맞추어 현명하게 동참하는 것이 필요하다. 여성이 남성과 동등하게 존중받는 사회가 멀지 않았다는 기대감으로 오늘의 고통이 승화되기를 바라며 창밖을 내려다본다. 건널목에 사람이 많이 몰려 있다. 퇴근 시간인지 젊은 남녀가 함께 질서 있게 길을 건너고 있다. 밝은 환경에서는 저렇게 평등한 사회가 아닌가!

(2018. 5월)

고향 두 곳

차가운 공기가 상공을 꽉 채우면 하늘이 맑아지고 바람도 청정해진다. 나는 인적이 끊긴 한강 가를 걸으면서 바람에게 온몸을 맡긴다. 바람은 가을의 풍요로움에 취해있던 마음을 흔들어 깨우듯 가만가만 볼을 토닥거리고, 잡념을 떨쳐버리라고 채근하는 듯이 거센 힘으로 머리카락을 흩뜨려 놓기도 한다. 나는 이런 바람과의 사귐이 좋다. 자유로운 바람과 놀며 사람이 한 번뿐인 인생을 살면서 한 가지 직업에 몸과 마음을 다 몰두해서 살아야 하는 것이 한스럽다는 생각도 한다. 그래서 날개를 가진 새들, 특히 철새들이 부러워서 그들이 돌아오는 계절이면 그 터전을 찾는다.

반짝이는 강의 물비늘에 정신을 쏟다 보면 길은 성내천으로 접어든다. 지금 그곳에 야생오리들이 돌아와 있다. 그 내는 백제시대의 위례성 안에 있어서 성내천城內川이란 이름이 되었으니, 이천 년 전부터 그들이 그곳에서 대대로 겨울을 지내고 갔으리라 짐작해 본다. 그래서 그들은 내가 이천 년을 거슬러 오를 수 있는 길을 열어준다. 그들은 나라 이름이 바뀌어도 여권도 없이 찬바람이 불기 시작하면 홀연히 물위에 떠서 반가운 손님이 된다.

이 냇물은 예전에는 자유롭게 흐르면서 아이들의 즐거운 놀이터가 되거나 우기雨期에는 사람들의 터전을 넘보며 심술을 부리기도 했을 터이지만 지금은 높은 두 개의 둑 안에 갇혀서 한 강으로만 흘러간다. 여름철에는 물이 불어서 제법 강처럼 흐르지만 우기가 끝나면 중간 중간에 만들어 놓은 보의 높이로만 흐른다. 그 무렵에 물 가운데에 여러 개의 크고 작은 섬이 생기고 풀도 우거지기 시작한다. 그중에 직사각형의 제일 큰 섬을 나는 '이부자리' 섬이라고 부르고 슬쩍 내 섬이라고 주장한다. 지적도에 없는 곳이니 무어라 부르던지, 혼자서 꿍치는 소유에 시비 거는 사람은 없다. 물속에는 크고 작은 물고기들이 많이 사는데, 큰 강과 연결되는 어귀이기 때문인 듯하다. 그들에게 제일 중요한 먹이가 있어서 해마다 찾아오는 것이라고 생각하니 철새 도래지에 산다는 자부심도 생긴다.

내 섬에 찾아온 손님들을 굳이 대접할 필요는 없다. 수시로 찾아가서 아침나절에는 사냥하는 모습을 보며 내가 상을 차려 준 듯이 흐뭇해하고, 햇빛이 좋은 날에는 물위에서 부드러운 곡선을 그리면서 헤엄쳐 다니는 모습을 보고 마음을 그들의 등 위에 얹어서 함께 한유閒遊의 시간을 누린다. 그 섬은 가을이 되면 노란 풀 이부자리가 깔리는데, 저녁때가 되면 그곳으로 모두 올라가서 날갯죽지를 맞대고 온기를 나누며 잠자리에 들면 나도 내 잠자리로 돌아온다. 문득, 겨울추위를 피해서 남쪽으로 내려온 손님들의 마음속에 고향에 대한 그리움이 있을지 궁금해진다. 또 그들이 내년 봄에 고향으로 돌아가서 이 작은 내를 기억할까 하는 의문도 생긴다. 해마다 돌아오는 것을 보면 이곳도 그들의 고향일 것이라는 생각은 든다.

고향! 사전적 의미로는 '태어나고 자란 고장'이고 한자적 의미로는 '연고가 있는 시골'이다. 마음만 먹으면 어디든 갈 수 있는 세상이 되었으니, 한자적 의미로 살아가면서 정들어 마음이 편한 장소를 고향이라고 여길 수 있을 것 같다. 그렇게 생각하면 이곳 또한 그들의 고향이다.

고향에 대한 그리움을 안고 살아가는 사람들이 떠오른다. 나는 1980년대를 미국에서 보내면서 70년대에 이주한 교포들과 일요일에 교회에서 자주 만났다. 그들은 미국에서 살고 있지만 언어와 문화가 달라서 그 사회의 본류에 합류하지 못하고 이웃과도 왕래를 못하니 인간적으로 교류할 곳이 필요했다. 나는 교회가 삼각주三角洲 같다는 생각을 했다. 생계를 위해서 육 일 동안 사업에 열중하다가 일요일이면 교회에 모여서 긴장을 풀고 거침없이 모국어로 어려움을 털어놓기도 하고 고향 이야기를 하며 한국적 정서에 잠겨들었다. 각 가정에서 장만해 온 한국 음식은 유학생들에게는 김치를 먹을 수 있는 유일한 기회였다. 그들은 말년에는 한국으로 돌아가서 살겠다는 말을 자주 했는데, 마음속에 간직된 고향에 대한 그리움에서 나온 말일 것이다.

몇 년 전에 그곳 직장에서 은퇴한 부부가 한국에서 살 수 있는지 탐색하려고 방문했다. 내가 귀국했을 때에 받았던 문화충격을 생각하면서 조심스럽게 그들을 안내했다. 그들이 살고 있는 집의 넓은 정원을 생각하면서 근교의 전원주택으로 안내했고, 그들이 봉사할 수 있는 일터도 알아보았다. 그러나 한국은 70년대의 한국이 아니었고, 그들 자신도 모르게 미국화 된 사고방식이 접합점을 찾기 어려운 듯했다. 고국의 땅을 밟을 때의 애틋한 마음과는 달리 낯설어진 고향에 대해 서먹해 하면서 돌아가서 다시 생각해 보겠다는 말을 남겼다. 그들의 고향은 태어나서 자란 이곳이 아니고 지금 살면서 정든 그곳인 것을 그들은 알았을 것이다. 자녀들이 그곳에 있고, 그곳 생활이 익숙하니 낯설게 된 고향에서 다시 타향살이를 시작할 수는 없을 것이다.

오리들이 넓은 둔덕에 잠자리를 정하지 않고 구태여 좁은 섬에 터전을 정한 것은 안전 때문일 것이다. 하지만 다른 새들과 섞이지 않고 같은 습성을 가진 동족끼리 모여 자면서 고향의 온기를 나눌 수 있는 이유도 있을 것 같다. 미국 교포들도 고향에 대한 그리움으로 언젠가는 돌아가겠다는 생각을 마음에 품고 있다. 그리고 이국에서 고립되어 있는 외로움을 달래기 위해서 교회에 모여서 70년대의 한국적 습관으로 행동하고 정담을 나누며 위로 받는다. 그들에게 고향은 마음속에만 있는 곳과 정들어서 편한 생활 터전, 두 곳이다.

(2014. 12월)

갑질 소고小考

아침에 일어나면 생명의 기를 느끼기 위해서 물 한 컵을 들고 창가로 가서 천천히 마신다. 색색으로 피어난 양란 꽃이 눈 오는 날에도 추위를 잊도록 봄의 화기和氣를 느끼게 해 주기 때문이다. 아름다운 마음으로 하루를 시작하게 하는 꽃을 보며 내가 정성을 기울인 것이 잘한 일이라고 생각한다. 꽃이 지고 나면 분갈이를 해주고, 새끼손톱 같은 새잎이 올라오면 햇빛이 좋은 곳으로 옮긴다. 그리고 일주일에 한 번 충분히 물을 주는데, 바쁜 날이나 몸이 아파도 거의 거르지 않는다. 그러다 보니 나와 그것은 공감대가 형성되어 작은 변화에도 그 요구를 알아차리고 조처를 하게 된다.

몸을 돌려 TV를 켜니, 요즈음 핫 이슈가 된 '갑질'에 대한 뉴스가 나오고 있다. 작년 초부터 가끔 다뤄지던 말이 작년 말의 한 사건으로 국민적 관심사가 되었다. 갑과 을이란 말은 고용계

약서에서 고용주를 갑이라 하고, 근로자를 을이라고 칭하면서 시작된 말이다. 그런데 지금은 힘이 약간이라도 우위에 있는 사람이 열세인 사람에게 부적절한 요구를 할 때에 사용하는 보통명사가 되었다. 아내들이 가끔 남편에게 갑질한다고 핀잔을 주면서 웃음으로 화해가 이루어지기도 한다.

노사관계에서 갑은 을이 꼭 필요한 인력이기 때문에 일터에 고용하고 그 대가를 지불한다. 그러니 갑은 을과 상하관계에 놓일 수밖에 없고, 을이 갑의 요구를 거절할 수 없는 관계가 된다. 그러나 을이 고용된 입장이라고 해서 갑의 의도대로 움직이지는 않는다. 선진국으로 진입한 우리나라에서 인권의식이 신장되어서 인간적인 자존감을 손상시키면서 을에게 업무를 요구하는 것이 부당하다는 생각이 보편화 되어가고 있기 때문이다. 그러나 갑은 아직 옛 맛에 길들여져서 부적절한 명령으로 이곳저곳에서 불협화음이 일어나고 있다.

갑의 처신에 대해서 《예기禮記》에 "아랫사람이 윗사람을 섬길 때에 그 명령을 따르는 것이 아니라 그 행동을 따른다."라는 말이 있다. 북송 때의 곽수문 장군의 일화가 그것을 증명한다. 그는 열네 살 때부터 평생을 전장에서 보내면서 전공을 세워 명장이 되었다. 그가 죽었을 때에 황제가 장례식에 사신을 보내 성대하게 장례를 치르게 했다. 사신은 병사들이 아주 슬피 울어서 그 이유를 알기 위해서 곽 장군의 집에 가보니 그가 나라에서 받은 녹봉을 모두 병사에게 나누어주어 집에 아무것도 없음을 알았고 그 사실을 황제에게 고했다. 황제는 크게 감동하여 그의 딸을 황태자비로 삼았다.

곽 장군은 부하에 대한 사랑과 배려로 자신이 가진 것을 나누어 주면서 인간적인 신뢰가 형성되는 적절한 갑 노릇을 보여주었다. 군사들은 그의 병사가 된 것에 감사하며 그를 존경하여 목숨을 걸고 싸워서 연전연승할 수 있었을 것이다. 이처럼 근로자가 인간적인 대접을 받으면서 자신이 그 일에 가장 적합한 사람이라는 자신감으로 미래에 대한 꿈을 향해서 업무에 열중할 때에 아름다운 일터가 될 것이다. 어느 집단이나 구성원 사이의 화목이 능률의 극대화로 이어지는 것은 자명한 사실이기 때문이다.

지도층의 처신을 엄격하게 지켜왔던 조선시대의 선비정신이 일제의 강점기간에 맥이 끊어진 것은 생각할수록 원통한 일이다. 선비들은 학문의 연마를 통해서 삶의 도리를 배우고 실천했는데, 특히 유학에서 받아들인 인간 중심의 인문학 가치가 그 속에 있었다. 그래서 대인관계에서 예의를 지키며 의리와 원칙을 중요시 했다. 또한 관직과 재물에 연연하지 않는 고결한 인품을 중요시 하며 살았다. 이런 의식을 가진 지도층의 맥이 이어졌으면 지금 갑질하는 부끄러운 모습을 보지 않아도 되었을 것이다.

그러나 1910년부터 45년까지의 우리나라의 정치적 암흑기에 일제에 의해서 전통 가치관이 훼손되었고, 90년대까지 군사정권으로 올바른 가치관이 재정립되지 못했다. 일본인과 군사정권이 국민에게 하던 '질'을 갑은 그대로 행사해 왔다. 이제는 정치적으로도 안정되었고, 무엇보다 인간답게 살겠다는 국민 의식이 형성되었기 때문에 지금 불거진 문제는 오히려 우리가 자성할 수 있는 계기가 된 것 같아서 희망적이라는 생각이 든다.

따뜻한 봄볕에도 선뜻 산을 내려오지 않고 고집을 부리고 있는 서릿발이 날카롭게 모난 바위 위에서, 솔잎 끝에서 눈을 흘기고 앉아 있다. 세상이 변해가도 꼿꼿한 기세를 내려놓을 수 없는가 보다. 아침해가 조금만 더 올라오면 형체도 없이 사라질 수밖에 없을 터인데.

(2015. 4월)

풍수원 성당의 등불

횡성의 풍수원 성당 뒤 언덕에 올라와보니 나뭇잎에 가을 색채가 내려앉기 시작해서 원숙한 아름다움이 느껴지지만 사라져가는 것들에서 오는 애잔한 서글픔이 마음에 차올라 열려있는 하늘을 올려다보며 잠시 걸어본다. 가을은 어디에 있어도 상큼해서 끝없이 달려보고 싶은 마음이 든다. 여기저기 둘러보며 옛 사람들이 신앙을 지키기 위해 숨어 들어와서 살았던 흔적을 추측해 보고 있는데 갑자기 멀쩡하던 하늘에서 빗방울이 듣기에 뛰어서 산 아래 성당 안으로 들어선다.

들어서자마자 세 쪽으로 나뉜 긴 반원형 천장이 눈에 띈다. 두 반원이 만나는 지점을 벽돌 무늬의 나무 기둥이 두 줄로 받치고 있어서 직선과 부드러운 곡선들의 조화가 오슬오슬했던 내 몸을 다사롭게 감싸는 듯하다. 두 기둥 사이를 연결하는 천장의 줄무늬는 현대적 감각이 느껴져서, 백십여 년 전에 미래를 내다

본 건축가의 통시적 감각이 놀랍다. 유난히 나를 사로잡은 것은 천장에서 내려와 양 옆으로 줄지어서 나지막이 달려있는 등이었다. 무늬가 새겨진 긴 와인 그라스를 뒤집어서 매달아 놓은 듯한 갓에서 번져 나오는 온화한 불빛이 따뜻한 정감을 더한다. 나는 백여 년 전의 어느 시골마을로 시간여행하고 있는 착각이 들었다. 그 적막하지만 평온한 분위기로 어둑해진 바깥의 축축함에서 벗어나 마음이 밝아져서 의자에 앉아 이 성당이 가지고 있는 역사에 젖어든다.

구한말의 민중들은 불교를 유일한 종교로 믿었으나 생활 속에서 접근하기 어려워 위기에는 샤머니즘이나 애니미즘animism에서 정신적인 피난처를 구했을 텐데, 유일신 종교가 어쩌다가 사람들의 마음을 사로잡았을지 궁금하다. 인간은 살아가면서 자신의 한계에 이르면 초월적 존재에 의지하여 위기를 극복하려는 심리가 있다. 가장 큰 한계는 생명의 유한성인데, 물리적인 힘으로 해결할 수 없기 때문에 종교를 통해서 영속하려는 무의식적 소망을 찾는다. 처음에 중국에 드나들던 학자들이 천주교를 서학西學으로 연구하기 시작하다가 종교로 받아들이면서 서민에게로 퍼져나가기 시작했는데, 조상 제사를 금하는 교리가 유교적 조상숭배와 부딪혀서 문제가 되기 시작했다. 이런 이유와 정적을 제거하려는 정치가들의 음모가 맞물려 수많은 순교자를 내는 박해를 받았다.

1866년(고종3)에 병인양요로 천주교에 대한 탄압이 심해지면서 천주교 신자 사십여 명이 이곳으로 들어와 화전을 일구고 옹기를 구워서 생계를 유지하면서, 숨겨놓은 믿음의 등불로 내세의 소망을 다지며 궁핍한 현실의 삶을 견딜 수 있었을 것이다. 20여 년을 그렇게 난민으로 지내다가 조불수호통상조약으로 천주교에 대한 탄압이 사라지고, 불란서 신부가 부임하여 본당을 설립하게 되면서 가려 놓았던 등불을 내걸고 공개적으로 신앙생활을 시작했다. 그 10년 뒤에 정규하 신부가 부임하여 벽돌 건축물이 낯선 한국 목수 대신에 중국인 기술자 진 베드로의 도움으로 이 성당을 짓기 시작하였다. 성도들은 산에 올라 나무를 자르고 가마에서 벽돌을 굽는 등 땀과 정성으로 1909년에 낙성식을 가지면서 얼마나 보람을 느꼈을지 짐작이 된다.

신념을 지키기 위해서 생명의 위태로움도 감내할 수 있기 때문에 인간은 위대하다. 육신의 욕망을 넘어서 정신적으로 풍요롭게 살려는 사람들은 마음속에 자신이 추구하는 가치를 등불로 켜놓고 그 빛을 따라 살아가면서 믿는 바를 실천하려고 한다. 그래서 사람들의 마음속에는 몇 개의 등불이 점멸을 계속하며 삶을 안내한다.

나를 지탱해준 등불이 무엇이었을지 생각해 본다. 초등학교 시절에 가정방문 오신 담임 선생님께서 어머니에게 다른 아이들이 생각지도 못한 답을 내놓아서 놀랄 때가 있다고 하시는 말을 들으면서 나 자신에 대한 믿음을 가지기 시작했던 것 같다. 그래서 어려운 시기에도 나는 특별한 존재라는 생각으로 버틸 수 있었다. 그러나 나이가 들면서 그것은 고집이 되어 이웃과 어울리는 데 방해가 되기에 그 불을 끄려고 노력했다. 시간이 흐르면서 등불을 하나씩 켜기도 하고 끄기도 하면서 성숙한 인품을 가지려고 노력해 왔다. 이렇게 사람들은 마음속에 자리 잡고 있는 자신의 참모습에 다다르기 위해서 타인은 짐작하기 어려운 각기 다른 가치관의 등을 켜놓고 살아간다. 이것을 깨닫게 했던 등불들을 본 적이 있다.

스페인의 바르셀로나 근교 몬세라트 산 위에 있던 수도원에서다. 그 수도원 뒤에 둥글둥글한 긴 바위들이 둘러서 있어서 인상적이었는데, 가우디가 이 바위들을 보면서 건축물에 직선 대신에 자연의 곡선을 사용하기 시작하면서 사그라다 파밀리아 성당에서 곡선이 부각되었다고 했다. 그곳 바실리카 대성당에 달린 수십 개의 등들이 각기 다른 모양이어서 의아했다. 그런데 증 개축할 당시에 책임 신부님이 신도들에게 각자 마음에 드는 등을 주문해서 기증하도록 했다. 각각의 심미감이나 영적인 가치를 표현하려고 애쓴 등들을 하나하나 살피면서 인간은 모두 이웃과 공존하려고 애쓰지만 자신만의 고립된 세계 속에서 산다는 생각을 했다. 몇 백 년 전에도 인간 개성의 차이를 깨달았던 신부님은 본질을 꿰뚫는 능력이 있는 엘리트였다고 생각했다.

다양한 생각을 가진 사람들이 자신의 차이점을 인정받으면 자존감을 가질 수 있다. 다행스럽게도 이십일 세기에 전체주의가 사라지고 개체가 자신만의 의미를 찾으며 다채롭게 살아가니까 지루하지 않고 재미있는 세상이 되었다. 그 다름을 인정하며 사는 것이 바른 태도인데, 자신의 생각에 갇혀서 차이를 인정하는 것이 쉽지만은 않은 것이 인간이기도 하다.

지금 내 마음속에 켜있는 등불을 본다. 나이가 들어가면서 추구했던 가치는 자유로움이었다. 많은 사람과 교류하고 살면서 의견의 충돌로 조화가 무너질 때에 그 이유를 찾아보니 사람들이 너무 많은 과시용 포장지에 쌓여 있어서 진심을 드러내지 않는다는 것이다. 그래서 내가 표방했던 것은 가진 모습 그대로를 드러내며 살자는 것이었다. 그래서 내 마음속에 항상 켜 있는 등은 "진심이 너를 자유롭게 하리라."이다. 인간관계에서 진심을 보여주고 알아채는 것은 투명한 관계를 만드는 열쇠이다. 진실은 포장지가 없기 때문에 단순하고 소박하여 누구나 쉽게 실체에 접근할 수 있고 감추려는 의도도 없기 때문에 자유롭게 교분을 나눌 수 있다. 그렇게 살면 마음이 홀가분해져서 자유롭고 평화롭게 살 수 있다.

멈추어 있지 않기 위해서 내 마음속에 등불이 꺼지지 않게 간수하리라 다짐하며 성당을 나선다.

(2020. 가을)

선택

아침에 일어나서 창밖을 내려다보니, 땅이 젖어서 거무스름하다. 일기를 검색하니, 12시까지 비가 온다고 했다. 11시쯤에 외출 채비를 마치고 길을 내려다보니 우산을 받고 가는 사람이 없는 것으로 보아 비는 그친 것 같았다. 현관에서 남편이 우산을 내밀었다. 나는 현재 비는 안 오고, 온다고 해도 함께 쓰면 된다고 말하면서 걸이에 걸었다. 그는 새 옷을 입어서 함께 받을 수 없으니 우산을 가져가야 한다고 강한 어조로 다시 우산을 집어 주었다. 나는 할 수 없이 받아 백에 넣으면서 이런 날 왜 새 옷을 입었는지 투덜거리며 하루 종일 내 짐을 하나 벌었다고 생각했다. 가족은 서로에게 지나치게 선택을 강요하는 것이 문제다.

우리는 경기도에 있는 대형 의류센터로부터 세일 메시지를 받고 나서는 길이었다. 필요한 옷은 없었지만 일 년에 한두 번 들르는 곳이다. 남편이 검은색 홈스펀 재킷을 걸쳐보고 있었는데 옷이 커 보였다. 그는 나이 들어서 어두운 색이 얼굴에 안 맞는다며 벗어서 걸었다. 그 바로 옆에 갈색이 있었는데 어깨가 좁아 보여서 뽑아 주니 몸에 잘 맞았고, 색깔도 마음에 든다며 나에게 엄지를 척 들어 보였다. 기분을 더 올려주려고 함께 입을 와이셔츠를 골라 건네니, 어디에서 이렇게 기막힌 것을 찾았느냐고 만족한 표정으로 안하던 칭찬을 한다. 그의 들뜬 기분 덕에 나도 코트를 하나 골라서 매장을 나오면서 오늘 나들이는 성공적이었다고 생각했다.

선택은 혼자만의 것이지만 가까운 사람들의 조언이 필요하다. 그러니 다른 사람의 의견을 들을 수 있게 마음을 열어 놓는 것이 중요하고 거절할 때에 단호해야 한다. 성공적으로 사는 사람들의 옆에는 항상 좋은 조언자가 있었다.

저녁에 문학상 시상식에 참석했다. 상은 선택하는 사람의 수준만큼의 작품이 선정된다. 그들이 선택한 작품이 우수하다는 점에 공감할 수 없기 때문에 아쉬움이 남았다. 상은 미래지향적인 작품이 선택되었을 때에 문학발전에 공헌할 수 있다. 그래서 선정자의 높은 안목에 대해서 신뢰할 수 있어야 하는데, 이런저런 연緣으로 수상자가 결정되어 잡음도 들린다. 이상이 1934년에 중앙일보에 〈오감도烏瞰圖〉를 연재했을 때, 독자들의 항의가 빗발쳐서 중단했지만 그의 탈중심적 글을 이해했던 소수의 엘리트가 50여 년간 관심을 가져 천재로 평가받기 시작했다. 어차피 시대를 이끌어가는 사람은 소수의 수재들이니까 그런 작가들이 눈에 띄기를 기다린다.

다음날 도서관에서 책을 찾고 있었는데, 한 여자가

"나 회사 다니기 싫어. 피곤해." 남편인 듯한 사람에게 짜증투로 말했다.

"조용히 해, 취직 준비생이 많은 자리에서 그런 소리 하면 어떻게 해!"

남편은 적은 소리로 입단속을 시켰다. 청소년기를 평생 일하고 싶은 자리에 선택받기 위해서 준비에 몰두하고 있는 젊은이들 앞에서 할 소리는 아니라는 말에 동감이다.

인간의 삶은 이렇게 크고 작은 선택과 피선택이 인과因果를 이어가면서 지속된다. 선택은 일회성이고 결과에 대한 책임이 뒤따르기 때문에 기분에 따라 쉽게 할 수 없다. 소소한 일상에서 선택한 일은 책임이 미미하지만, 생의 진로가 변환되는 일은 오히려 선택당하면서 결정된다. 그래서 피선택의 대비를 위해 젊은이들은 이 시간에 이곳에서 외롭게 자신과 씨름하고 있다.

그러나 인간의 삶을 가장 크게 좌우하는 것은 '우연히' 태어난 환경이다. 공자는 큰 나라에서 좋은 부모에게 태어나는 것이 복이라고 했다. 한 생명의 운명은 개체가 선택할 수 없이 우연하게 결정됨을 정의한 것이다. 모든 생명은 주어진 환경에서 적자생존의 범위 안에서만 선택할 수 있다. 그래서 요즈음 시사 사건이 발생하면 금·은·흙 수저 논란이 뒤따르는데, '부모 팔자가 반 팔자'라는 옛말은 계급사회에서는 개인이 어떤 방법으로도 넘을 수 없는 벽이 있었다. 지금도 좋은 환경에서 태어난 사람은 살아가기가 수월하다. 그러나 자신의 노력으로 운명을 뛰어넘을 수 있는 사회 여건이 되어서 다행이고 젊은이들이 고군분투할 수 있게 한다.

우리나라는 조선조 말에 강대국들이 겨루는 밀당의 소용돌이 속에서 정치가들이 선택한 결과가 운명이 되어 분단국가로 긴장 속에서 살아왔다. 국가적 책임은 바로 당대가 아니고 후손들에게까지 불행한 필연이 된다. 민주주의를 시작한 지 반세기가 지났어도 역대 대통령들이 자리에서 물러나면서 터져 나오는 부조리한 사건들은 아직도 행복한 필연을 후손들에게 물려줄 수 없어 답답하다.

2016년에 한국의 촛불시위는 세계인을 놀라게 한 비폭력적 저항운동이며 국민의 정치의식이 성숙되었음을 보여 주어서 아름다운 미래에 대해 기대를 가졌었다. 그러나 한 정권의 몰락으로 그 중심에 있었던 요인要人들이 법의 판단 과정에 있어서 사회적으로 우울한 분위기가 지속되고 있다. 게다가 일부 정당인들은 자숙自肅하는 대신에 자신의 힘을 얻기 위해서 매일 코미디 같은 사건을 일으켜 눈살이 찌푸려진다. 내가 참여할 수 있는 유일한 길인 한 표의 선택에 대해서 생각한다. 정치인들의 이미지나 연緣을 벗겨놓고 실체를 알기 위해서 매일 세밀하게 살펴보는 수밖에 없다.

인간의 삶은 '우연'으로 시작하여 선택과 피선택으로 결정되는 과정으로 펼쳐진다. 그래서 유한한 생명에게 선택은 자신이 행사할 수 있는 가장 중요한 행위이다. 인간의 역사는 선택과 선택의 결과물인 필연이 순환되면서 쓰인다.

(2018. 3월)

홀로이지만 함께

갈등과 평온함이 어우러져서 지루한 듯 흘러가던 일상이 괜찮은 삶이었음을 이제야 깨닫게 되었다. 평화는 익숙함의 지속이라는 생각을 하니 무심히 흐르던 날이 그리워진다. 비접속이 최상의 생활태도가 된 지금, 사회적인 존재로서의 정체성은 의미가 없고 아침마다 혼자서 보내야 하는 하루를 궁리한다. 한 귀퉁이에서 온라인으로만 세상 움직임을 엿보며 나도 그들 속에 살고 있는 존재임을 되살리려 애쓴다. 이런 상황에 어리둥절해 하면서도 조금씩 익숙해져 가는 내가 오히려 두렵기도 하다.

이렇게 칩거하고 있는 나를 푸른 하늘에서 어두운 방안을 밝혀주는 빛살이 불러낸다. 햇볕이 따스하게 느껴지는 세상은 어느새 나뭇잎들이 자기만의 색으로 무르익어 있다. 아! 걸음을 멈추고 한참 입을 벌린 채 서 있다. 모든 생명체는 시간의 흐름 속에서 가장 아름다운 모습을 드러내는 순간이 있다. 어쩌면 그 순간을 보여주기 위해서 사는지도 모르겠다. 푸르던 나뭇잎이 한 해의 끝자락에서 펼쳐놓은 가을 색채가 꽃보다 더 아름답다. 인간도 풋풋한 젊은 시절이 곱지만, 욕심을 털어내고 성숙해진 노년기에도 충분히 아름다울 수 있다는 생각이 든다.

이처럼 세상에 있는 물체는 시간의 경과에 따라서 유기체는 물론 무기체도 변하는데 속도만 다르다. 인간의 마음은 한결같아야 한다고 생각하며 변덕이 생기는 마음을 다잡으려고 무던히도 애쓰며 살았는데, 이제는 시간의 흐름에 따라 변해가는 마음이 순리임에 고개를 끄덕인다. 사람마다 속도의 차이만 있을 뿐이다. 그래도 대부분의 사람들이 '한결같은 마음'을 지니려고 애쓰며 살고 있어서 세상이 크게 요동치지 않는다.

길 양옆에 큰 나무들이 어우러져서 생긴 굴 안으로 들어선다. 한 나무에서 뻗은 가지지만 처지에 따라 다른 모양으로 자라서 옆 가지들과 충돌하지 않고 잘 얽혀있다. 올려다보니, 농담濃淡이 다른 색색의 잎 사이로 빛이 곁눈질한다. 손짓으로 나도 빛으로 살아가는 생명체임을 알린다. 너울거리는 나뭇잎 사이로 출렁거리는 빛발의 생동감에 나도 저절로 한 그루 나무가 된다. 데카르트의 코기토cogito가 해체되고 빛과 나무와 내 감각이 하나가 된다. 나는 이렇게 순간을 살아가는 생명체인데, 찰나刹那는 감각으로 인지되고 사라지기 때문에 코기토는 흐르는 시간 속에 그 흔적들을 모아서 존재를 만든다. 그래서 인간은 집적된 과거에 의지해서 오늘을 살고 오늘의 문에서 내일을 여는 존재이다. 그러나 때때로 내 영혼에 깃드는 무아의 희열은 시간을 벗어나서 내 존재가 해체되었을 때에만 온전하게 찾아온다.

그래서 나는 종종 사회의 울타리에서 빠져나와 혼자 '멍때리기'를 즐긴다. 도리질하며 쫓아버렸던 적막함도 이제는 내 안에 터를 잡고 주인처럼 나를 반기며 규범을 벗어놓은 나를 받아들인다. 젊은 시절에 나는 인정받는 데 목말라 있었다. 얻기에 갈급하면 결핍에 허덕이게 되고 정서가 불안정해서 고달팠다. 외부의 자극에 흔들리지 않고 내 기준으로 살아가는 독립된 존재가 되기 위해서 닦달하며 살았지만 아직도 평온한 경지에 이르지 못했다. 거침없이 나를 뚫어지게 바라보는 아기의 맑은 눈과 마주치면 신기해서 마주보다가 저절로 웃게 된다. 아기는 축적된 과거가 없는 첫 눈길로 세상을 보기 때문에 어떤 존재도 그의 눈을 속일 수 없다. 그런 첫 눈길로 살아간다면 세상은 얼마나 단순할까.

모든 생명체는 자아 만족을 위해서 살아간다. 원시시대처럼 본능과 감각의 만족으로 살아가기에는 인간의 정신적인 기능이 대단한 경지까지 진화되어 있다. 그래서 인간의 생애는 이타카를 향해서 자기 발전의 모험을 계속하는 오디세이이다. 또 정서적으로 공감되는 사람들과 어울리면서 행복해야 살아갈 수 있다. 그러나 의무나 권리, 책임 같은 '자기 몫의 삶이'를 잘 감당해야 '함께 살이'에서 행복할 수 있는 이율배반적인 구도가 인간 세상이다.

삶의 중심이 개체이기에 조화된 공동체 생활을 하려면 집단과 상황에 따라서 여러 모습으로 변신할 수 있어야 안정되게 살아갈 수 있다. 나는 교류가 없다가 오랜만에 만난 사람을 대하는 내 태도가 달라지는 것을 느끼며 놀랄 때가 있다. 그는 나를 어떤 유형으로 생각할 것이라는 짐작이 들면서 무의식중에 그런 모습이 되는 것이다. 이렇듯 살아간다는 것은 내가 여러 유형의 인간이 되어야 하기에 스스로 혼란에 빠져 많은 사람과 함께 있을 때에 문득 내가 나일 수 있는 혼자만의 자유로운 시간이 그립다. 그러나 나무둥치와 같이 중심에 박혀 있는 진심은 하나이지만, 나뭇가지들이 방향에 따라 다른 모양으로 외부와 맞서듯이 사람들에게 둘러싸여서 불어오는 바람을 홀로 견뎌야 하는 무대가 인간 생존의 터전이라고 나를 다독인다.

'홀로이지만 함께'라는 삶의 정의는 고립될 수밖에 없는 현재 상황이 얼마나 낯설고 불행한지를 잘 설명해 준다. 그래서 나는 홀로 있는 이 자리에서 벗들과 함께 정담을 나누는 평온한 모습, 욕구의 충돌로 폭발하려는 분노를 억누르고 있는 찌푸린 모습, 공식적인 모임 속에서 일을 처리하는 긴장된 모습 등 내 속에 숨어 있는 수십 가지의 나를 몽상한다. 그렇게 나마 함께 속에 나를 삽입하고 잠시 기분이 좋아진다. 나는 홀로 있는 시간을 사랑하지만, 사람들 사이에서 평안한 심정으로 살아갈 수 있기를 희망하는 모순된 존재임을 확인하고 나무 사이에서 빠져 나온다.

(2020. 가을)

III.

멈추지 않는 시간에 의식도 흐르고

옷

여행은 연속되는 사건과 관계의 단절에서 오는 일시적인 해방감을 준다. 낯선 곳에서는 늘 껴입고 있던 옷을 벗은 후에 숨어있던 자신의 낯선 모습을 보며, 스스로 놀랄 때가 있다. 캐나다를 향해 돌진하는 미국 동쪽 등뼈인 아파라치안 산맥의 능선 위에 얹혀 있는 81번 도로는 국경까지 몇 시간 동안 하늘과 끝을 맞추며 우리를 안내하고 있다. 산속에 그림같이 얹혀있는 집들은 미국 민요, 〈언덕 위에 집〉을 흥얼거리게 만든다.

아름다운 자연은 왜 우리에게 슬픔에 가까운 평화와 안도감을 줄까? 스위치 하나로 웬만한 것이 해결되는 도시의 편리한 생활 속에서 왜 우리는 자연을 가슴에 품고 사는 것일까? 피곤하고 바쁜 생활 속에서 문득 차창 밖으로 무심히 지나쳤던 들꽃 무더기가 가슴에서 피어나고, 낙엽을 몰고 가던 가을바람을 피부로 느끼며, 언젠가 발을 담갔던 계곡물의 촉감이 되살아나는 것은 웬일일까?

자연은 가림 없이 자신을 드러낸다. 자연 속에서는 옷을 걸칠 필요가 없다. 가끔 깊은 산골에서 욕심 없이 사는 산사람을 부러워하고, 타잔의 삶에 감동을 느끼는 것은 옷의 구속에 갇히기 전의 우리의 모습을 볼 수 있기 때문일 것이다. 옷 입기는 우열을 가리는 경쟁에서 이기기 위해서이다. 자연 속으로 환원할 수만 있다면 좋은 옷을 입으려는 피곤한 경기에 참여할 필요도 없을 것이다.

인간은 수치심을 알지 못했던 유아시절부터 부모들로부터 옷 입는 것에 길들여진다. 존재에 대한 물음을 갖기 전에 가리개에 싸여지고, 옷에 대한 환상에 집착하며 살아간다. 걸친 것이 별로 없던 생기 넘치는 유년의 기억에서 가끔 떠오르는 불가항력적이던 어른들의 구속. 이유도 모르고 받았던 그 일이, 실은 우리에게 좋은 옷을 입히기 위한 훈련의 한 과정이었음을 이해하게 된 지금도 한 가닥 의문을 버릴 수 없다. 옷에 대한 익숙함과 집착은 어쩌면 옷을 벗고 살 수 있는 세상을 만들 가능성을 가진 맑고 순수한 동심을 옷 속에 함몰시키게 하여 몸을 가꾸어 나갈 힘을 소진시키게 한 것은 아닐까? 그래서 방치된 우리의 혼은 유년기를 헤매고 있을지도 모른다. 이렇게 옷에 대해 몰두하는 동안에 동화 속의 이야기처럼 몸이 점점 작아져서 사람을 만나기 위해 신발 속을 들여다보아야 하는 경우도 상상할 수 있다.

나는 인간관계를 가지는 동안에 옷에 매혹되기도 하고, 사람에 매혹되기도 한다. 옷과 잘 어울리는 사람을 만나면 부러움과 함께 경의를 표한다. 더욱 부러운 사람은 옷에 대한 집착에서 벗어나 자유로워지고 있는 사람이지만 거의 만나기 어려워서 아쉽다.

그러한 진정한 강자에 대한 동경을 가지고 살면서도 나는 옷 속에 숨는 짓을 계속하면서, 그로 인한 부끄러움에 빠지곤 한다. 자의이던 타의이던, 입기 위해 너무 많은 시간과 힘을 쏟아서 그 습관에서 헤어나기가 어렵게 되어 버린 것 같다. 옷의 일부는 몸에 유착되어 떼어 버리기 힘든 지경에 이르렀다. 스스로 자신을 찾아내는 노력을 통해서 푸른 하늘에서 빛나는 햇빛을 받아 밑바닥에 숨죽여 있는 자연에 대한 친화력을 얻는다면 건강함을 회복할 수 있지 않을까하는 공상 속에 잠겨본다. 이런 생각도 여행이 주는 자유로운 마음에서 피어나는 구름과 같은 것이다.

한국을 떠나면서 나는 그동안 공들여 쌓아 올린 내 사회적 정체성이 담긴 옷을 벗어 놓고 미국에 들어왔다. 몇몇 친지들 외에는 내가 누구인지 아무도 몰랐고, 나는 단 한 가지 옷인 영어로 소통하며 다시 새로운 옷을 입으려고 낯선 거리에서 부지런히 일하면서 공부하고 미국인들과도 낯을 익히기 시작했다. 그들의 언어와 문화, 풍습에 어울리는 옷이 만들어지면서 사회에서 생활하는 것이 편해지기 시작했다. 영화에서 살벌한 장면을 많이 보아온 탓에 거리에만 나가면 긴장하던 버릇이 여유가 생겨서 혼자서도 거침없이 외출할 수 있게 되었다. 이제 이곳에 정착해서 살 수도 있겠다는 생각이 들기도 했지만, 나그네처럼 떠돌며 살고 싶은 생각은 없다.

이제 한국에 돌아가면 내가 벗어 놓은 옷은 옷장에서 시효가 지나서 입을 수 없고, 다시 시작해야 한다는 생각으로 막막해진다. 그러나 이곳 사람들에게 배운 내면의 소리에 따라서 정직하게 살아가노라면 마음이 단단해져서 옷에 대한 집착에서 벗어나서 자유롭고 평온하게 살 수 있을 것이라고 최면을 걸어본다.

(1987. 여름)

속셈

주중에 학교에 있다가 금요일 오후에는 귀가를 서두르면서 잠시 갈등에 빠지고는 했다. 안전한 고속도로로 돌아갈지 빠른 산길로 질러갈지 망설이다가 갈림길에 다다르면 기분에 따라 방향을 잡았다. 그러나 조급한 마음 탓인지 산길로 꺾어들기 일쑤였는데, 늦가을이나 초봄에 해가 짧아지는 그믐밤이면 인간의 마음처럼 자연도 낮과 밤의 모습이 전혀 달랐다. 인가가 한 채도 없는 회문산 등성이를 삼십 분 가량 오르내려야 했는데, 긴장감으로 등줄기에 땀이 흘러내렸다. 자동차 불빛으로 비켜선 어둠이 차안으로 밀려들어 그의 짝인 태초의 공포심을 최대한 부추겼기 때문이었다.

산 아래 마을에서 새어나오는 불빛이 보이면 인간세상으로 돌아왔다는 안도감으로 숨을 훅 내쉬면서 긴장을 풀었다. 그 긴장감을 즐기는 것이 아닌지 자문해 보지만 애매한 결론이 내려졌다. 인간의 감정은 늘 명쾌하게 한 가지 대답만 나오는 것이 아니었다. 자연조차 빛과 어둠에 따라 위로와 공포의 두 상반된 감정을 일으키는 것을 실감했다. 마음이 만들어내는 두 극단의 감정이 아닌가, 생각해 보았지만 산을 넘을 때마다 느끼는 무서운 모습은 어둠이 만들어내는 변장술인 것 같았다.

그래도 나는 대체로 자연에서 평화를 느끼고 위로를 받는다고 긍정적으로 생각하기 때문에 해가 길어지는 늦봄에는 산길로 접어들었다. 일하는 농부들의 모습이 점점이 박힌 풍경을 보며 역설적이게도 일터의 부산함에서 놓여나는 해방감으로 편안해지기 때문이었다. 풀어진 마음으로 무심히 산굽이를 도는 순간에 속도계를 들고 있는 경찰관이 보여서 브레이크를 밟았으나 이미 늦었다. 시골길에서 별로 본 적이 없던 터라 당황했으나 이곳 경치가 하도 좋아서 미처 속도를 생각하지 못하고 밟았노라고 말했더니, 그는 웃으면서 과속하지 말고 조심해서 가라고 방면해 주었다. 나는 순발력으로 위기를 모면했다고 다소 우쭐해서 동료들에게 무용담처럼 떠벌렸다. 그러나 지금 생각해 보면, 나이든 여자여서 속아 주는 척했을 것이라는 생각에 미안하고 고맙다.

추수가 끝나가는 가을에 근교에 있는 도시에서 모임에 참석하고 88고속도로에 접어드니, 이내가 깔리기 시작하여 가속기에 힘이 가해졌다. 사이렌 소리가 들려 살펴보니 경찰차가 따라오는 것이 보였다. 순간 나도 모르게 가속기를 밟았다. 사람이 위급한 순간에는 앞뒤를 가릴 이성적인 판단이 되지 않는지, 도망쳐야겠다는 마음이 들었던 듯했다. 그 차는 더 빨리 내 옆 차선까지 쫓아와서 손으로 신호를 보냈다. 나는 옆길에 차를 세우면서 미국에 있을 때에 이웃에게 들었던 화장실 핑계가 순간적으로 떠올랐다.

"왜 차를 세우지 않고 그렇게 빨리 가요?"

"겁이 나서 그랬어요."

그는 어이없다는 듯이 웃었다.

"고속도로에서 차를 그렇게 빨리 달리면 위험한데, 왜 그랬어요?"

"화장실이 급해서요."

"어디에서 오는데요?"

"남원에서 들어왔어요."

"도중에 휴게소가 없네요. 다음 출구로 나가시면 그곳에 있어요. 조심해서 천천히 가세요." 하고 그는 나를 방면해 주었다.

나는 일단 위기는 모면했다는 생각이 들었지만 둘러댄 말이나 도망친 일들이 참 창피하고 민망했다. 그도 역시 제재하고 나니 나이든 여자여서 눈감아 주었을 것이고, 내 속셈을 몰랐을 리 없다는 생각이 들었다.

생각해 보니 나는 가끔 위급한 상황에서 진실을 말하면 불리해질 때에, 유리하게 둘러댈 이유를 내세웠던 것 같다. 내 말에 상대가 완전히 속기도 했고, 또 모르는 척 눈감아 주기도 했던 것 같다. 인간의 사고체계에는 동물적 생존전략과 문명인의 예절이 동시에 잠재해 있어서 상황에 따라 자동 전환되는 스위치가 있는 듯하다. 의식적으로는 문명인이라고 생각하면서도 위기에는 생존전략이 우선함을 깨닫고 놀란다. 그래서 사람은 말하는 것보다 마음속에 숨겨진 속셈이 진심인 경우가 대부분이다.

살아온 세월만큼 나는 이러한 사람의 속셈을 알아내는 감이 발달한 것 같다. 단순한 사람은 쉽게 마음속이 들여다보이지만 모르는 척 눈감아 주는 것은 내 마음속에 무의식화 된 속셈을 다른 이들도 눈감아 주는 것에 대한 보답이다. 노련한 사람은 조감도를 보는 넓은 시각으로 오랫동안 살펴야 알 수 있는데, 한참 후에야 깨닫고 '아차!' 싶기도 하다. 이러한 태도는 복잡한 사회망 안에서 외톨이가 되지 않기 위해서는 어쩔 수 없이 적응해야 할 심리적 현상이기에 이해관계에 크게 상충되지 않는다면 서로 모르는 척 넘어가는 것이 불문율이 아닌가 싶다. 물론 좋은 이웃은 투명한 마음으로 소통하는 관계여서 속셈을 숨기려 애쓸 필요가 없다. 사회가 계속 더 복잡해지고 있으니, 속셈을 알아내는 로봇이 생길 날이 오지 않을까 하는 생각을 하면서 실소한다.

그동안 깜깜해진 길에서 나는 산과 들의 속내를 살피면서 운전해야 하는 상황에 놓였다.

(2017. 겨울)

천천히 걸어요, 삐삐

어린 시절에 할머니 무릎에서 옛날이야기를 들으면서 자랐다. 지금 어린이들에게는 전설과 같은 이야기다. 나는 이야기 중에 초인적인 능력을 가진 도사道士에게 매료되어 크면 반드시 도사가 되겠다는 꿈을 가졌었다. 그중에서 축지법縮地法을 구사驅使하는 도사는 한 걸음으로 십 리를 가기 때문에 백두산까지 가는데 몇 분밖에 걸리지 않았고, 높은 산도 단걸음에 넘는다는 이야기가 신기했다. 나도 소풍갈 때 축지법을 습득하면 단숨에 언덕 위로 오를 수 있으리라는 환상을 가진 적도 있었다. 그래서 운동장에서 멀리 뛰는 연습을 한 적도 있었다.

자라면서 교통기관의 발달로 땅의 거리가 점점 좁아져 그 축지법이 눈앞에서 실현되는 것을 목격했다. 내 꿈이 무너져 내리는 것이 섭섭하기도 했지만 도사가 되지 못하는 것에 실망하지도 않게 되었다. 그리고 축지법의 큰 혜택으로 1980년 초에 비행기로 14시간 만에 뉴욕에 도착했고 80년대를 미국에서 살게 되었다.

한국과는 다른 여러 가지 문명 기기들 때문에 눈이 크게 떠지는 경험을 여러 번 했었다. 어느 날 의사 친구 부부와 점심 식사를 하고 있었는데 가까운 곳에서 '삐삐'하는 기계음이 들렸다. 의사는 손 안에 작은 사각형의 비퍼를 보여 주면서 그 찍힌 번호로 전화하려고 계산대 전화기로 갔다. 그는 응급환자가 생겨서 바로 가봐야 한다며 식사를 끝내지 못하고 떠났다. 나는 의사전달을 위해서 공간이 축소되면서 시간의 길이도 장단이 생겼다고 생각했다.

90년대에 한국에 돌아와서 평온함보다 낯설음으로 일 년여 동안 눈치를 보며 살았고, 여러 가지 정치적 혼란으로 마음을 붙이지 못해서 방황했다. 그러다가 다른 도시에 직장이 생겨서 주중에 그곳에서 지내게 되었다. 전화기가 있었지만 전화가 닿지 않는 곳에 있을 때에 급한 용무가 생기면 난감했다. 그 때에 이 문제에 해결사가 나타났다.

삐삐였다. 비퍼가 그 소리 때문에 한국에서는 그렇게 이름 지어진 것 같았다. 젊은 연인들이 떨어져 있는 시간에도 잠깐 목소리가 듣고 싶을 때에 신호를 보냈고, 부부싸움을 하고 하루 동안만이라도 가출을 할까 망설이는 시간에 삐삐 소리는 집으로 발걸음을 돌리게 했다. 그 소리는 기대와 두려움이 섞인 묘

한 감정을 동시에 불러일으키며 가슴을 두근거리게 했다. 그러나 이렇게 신기한 물건이 앞으로 올 재앙이 될 중독의 시작이라는 것을 알지 못했다.

밤늦은 시간에 전철 칸에 들어가니 여남은 젊은이들만 있었는데, 모두 스마트폰에 열중해서 앞에 누가 있는지 거들떠보지 않았다. 작은 화면에서 눈을 떼지 못하고 혼자 웃기도 하고 찡그리기도 하면서 얼굴 표정이 갖가지로 변하고 있었다. 이 기이한 풍경에 나는 멍하니 그들의 얼굴만 바라보며 따돌림당한 듯 느꼈다. 이동하는 여가 시간을 이용하는 것에 문제가 있는 것은 아니지만 그들의 지나친 몰두가 낯설었다.

길을 가면서 화면에 열중한 채 마주 오는 사람은 흔히 볼 수 있다. 염려와 짜증으로 그 옆을 비켜가며, TV에서 과하게 스마트폰에 열중해서 강물에 빠지거나 전신주에 부딪힌 장면이 떠올랐다. 내가 사는 아파트는 대단지여서 아침 출근시간대에 많은 사람들이 아파트 가운데 길로 들어서서 전철역으로 간다. 그곳을 역방향으로 걸어가면 밀려오는 사람들이 데모하려고 오는 사람처럼 생각된다. 그 군중 속에 자전거를 탄 남자가 한 손은 핸들을 잡고, 다른 손의 스마트폰을 들여다보며 오고 있었다. 그런데 다가오면서 30대의 남자 뒤에 부인이 타고 있는 것이 보였다. 참 해괴한 모습이었다. 그 사람은 축심술縮心術로 마음의 공간을 좁혀가고 있었다. 그는 할아버지가 되었을 때에 손자들에게 마음의 넓이를 키워서 스스로 생각하면서 살지 말고 검색을 해서 살아가라고 할 것 같다.

스마트폰이 진화를 거듭하여 앞으로 어떤 세상이 올지 모르는 불안감을 가지고 살면서 나는 아직도 폴더 폰을 사용한다. 그런 나를 비아냥거리는 사람도 있고, 신기해 하는 사람도 있다. 어떤 이는 카카오 톡으로 의사소통하는 사람들에게 따로 문자를 보내야 하는 불편을 준다고 나를 다그치기도 한다. 나는 별로 대꾸하지 않는다. 아마 그들에게 나는 전설의 시대를 사는 구닥다리로 보이는 것 같다. 실현 가능성은 없지만 혹시 스마트폰이 역진逆進하여 삐삐로 돌아갈 수도 있지 않을까 하는 공상을 하며, 가방에 든 전화기를 툭 치고 "이게 어때서."라고 말한다.

그렇다고 스마트폰을 가진 사람에게 반감이 있는 것은 아니다. 경쟁의 현장에서 빠른 정보가 필요한 사람은 참 유용한 도구일 수도 있겠다고 생각한다. 그 현장에서 벗어난 나 같은 사람은 급한 용무가 없기 때문에 내가 필요한 기능이 있는 내 것으로도 흡족하다. 나도 필요가 생기면 그것을 손에 쥘 때가 올지도 모른다. 그러나 나는 아직도 삐삐 소리에 가슴이 뛰고 궁금해 하며 느린 시간을 살았던 그 시절이 그립다. 도서관에서 책을 읽으면서 혼자서 삶의 길을 찾은 나보다, 쉬지 않고 스마트폰에서 답을 찾는 이들이 더 현명한 삶을 사는지 궁금할 때도 있다.

봄에 찻잎이 나오기를 기다리던 젊은 여승이 먼저 싹튼 찔레꽃 잎순을 따며 "어린 나이에 어머니가 돌아가셨는데, 이 꽃이 필 때였어요. 지금도 이것을 보면 그때 혹여 내가 무얼 잘못해서 돌아가신 것이 아닌지 눈물이 나요." 그녀는 밤새워 잎순 한 바구니를 아홉 번 덖어서 새벽에 첫봄 차를 마시며 흡족한 미소를 머금었다. 그 차 종지에는 어머니에 대한 그리움이 녹아있었다. 나는 아직도 전설과 신화가 만들어지는 시대가 끝나지 않은 모습을 보며 안심이 된다.

(2016. 6월)

영상과의 대화

"What is your name?"

내가 아이에게 물으니 입에 손을 대고 몸을 뒤흔들기만 하고 대답을 안 한다. 할머니가

"나를 닮아서 내성적이에요."라고 말한다.

"네~에?"

나는 놀라서 그녀의 얼굴을 바라본다. 그녀는 활달하고 잘 웃어서 함께 있으면 분위기를 밝게 만드는 사람이다. 그날은 초등학교 저학년인 외손녀가 영어 문제를 풀고 있었는데, 학원에 다닌 지 2년째라고 한다. 나는 영어 공부한다는 아이와는 간단하게 영어로 대화를 시도하는데, 몇 마디라도 대답을 하고 나면 자신감이 생기기 때문이다. 다시 얼굴을 마주보고 천천히 질문을 시작하니 부끄러운 듯 대답하기 시작한다. 몇 마디 더 물어보고 칭찬하며 대화를 끝낸다.

외손녀가 집으로 돌아가고 나서, 어리둥절해 하는 내게 이야기를 들려준다. 그녀는 칠남매의 다섯째로 태어나서 부모로부터 주목을 받지 못하고 자랐다. 더욱이 얼굴이 제일 못생겼다고 '못난이'라는 별칭으로 불리며, '다리 밑에서 주워왔다.'는 놀림까지 받았다. 그래서 열등감을 심하게 느껴서 사람 앞에 자신을 드러내는 일에 소극적이었다. 실제로 그녀는 미인은 아니어도 예쁜 얼굴이었는데, 자매들의 사진을 보니 미인들이었다.

초등학교에 다니면서 책 읽을 사람을 정할 때에 한 번도 손을 들어 보지 못했고, 어른 앞에 서면 말을 더듬었다. 어린 시절에 타의에 의해서 형성된 벽에 갇혀서 주눅이 들어 있는 아이들을 종종 본다. 가족은 서로 친밀해서 말을 거침없이 하는데, 사실은 가장 큰 상처를 주고받는 것이 가족이다. 형제자매가 많았던 시절에 앞뒤의 경위를 생각하지 않고 즉흥적으로 어린아이를 놀리면서 즐거워했을 것이라는 생각이 들었다.

어느 날 그녀는 다른 학생처럼 일어나서 책도 읽어보고 싶고, 말대답도 잘하고 싶다고 생각했다. 그녀는 궁리를 하다가 벽에 걸린 커다란 거울에 비친 자신의 모습을 보고 그 영상과 대화하기 시작했다. '너도 언니들처럼 예쁜 아이야!'라든지, '선생님 책 읽을게요.' 하면서 손을 번쩍 들기를 반복했다. 친구들과 제대로 다투지 못하고 돌아온 날은 억울했던 일들을 털어놓으면서 반박도 해보았다. 그러는 동안에 자신감이 생겨서 오빠나 언니들의 놀림에 대들 수 있었고 수업시간에 손을 들고 대답도 할 수 있게 되면서 성격이 밝아지기 시작했다. 그렇게 자신을 부추겨 외향적인 성격으로 바뀌어 활발한 대인관계를 맺으며 살 수 있었다. 그녀는 어린 나이에 뜻밖의 깨달음으로 열등의식에서 벗어나면서 내면에 자아를 반듯하게 세워놓은 아주 현명하고 강한 사람이라고 생각했다.

반면에 미국의 여류 시인 실비아 프렛(Sylvia Plath)은 여섯 살에 동생이 태어나는 것을 보았을 때에 내 인생이 끝났다고 생각하면서 집밖으로 나가서 울었다고 했다. 부모의 사랑에 경쟁자가 생겼다고 느낄 만큼 조숙한 성격이었다. 더욱이 여덟 살에 아버지가 죽으면서 그녀는 죽음에 대한 강박관념에 사로잡히게 되었다. 영민한 아이여서 공부를 잘했고, 어린 시절의 충격이 된 경험들, 고독과 고통과 죽음에 대해서 시를 쓰면서 주목받는 시인이 되었다. 그리고 명문대학에 진학하고, 스칼라십으로 영국 옥스퍼드에서 학위를 받은 후에 서른 살이 되기 전에 모교에서 대학 교수가 되었다. 결혼하여 아들과 딸을 두었지만 가족과 별거를 하는 동안에 서른한 살에 제자와 동반 자살하였다.

어린 시절에 두각을 나타내면서 주변의 총애 속에서 자란 아이들은 자존감이 과도하게 높아서 좌절을 경험할 때에 추락할 수 있다. 실비아는 지적으로 우수한 능력과 예민한 감수성을 지닌 아이로 자라면서 동생에게 옮겨가는 사랑을 미리 예측하고 좌절감에 매몰되어 헤어나지 못하고 불행하게 살다가 가면서 다른 사람에게 아쉬움을 남긴 수재였다. 자신이 받은 상처를 자각하고 불행의 늪에서 벗어나려고 노력했더라면 시인으로서 그런 감정을 표현했을 터인데, 그녀의 죽음을 문학계에서는 가장 중요한 시인을 상실했다고 아쉬워했다. 그녀의 자아는 다른 사람의 평가에 의존해서 형성되었기 때문에 그것이 사라질 것에 대한 초조감이 자신의 존재감을 무너뜨린 것이 아닐까 생각한다.

그러나 미장원 원장은 '못난이'라는 평가 속에서 자각을 통해서 스스로 해결할 길을 찾아내었다. 그리고 자아를 바르게 정립하고 가꾸었기 때문에 외부의 부정적인 평가에 대해서 버틸 힘이 있었다. 이렇게 자신을 사랑하는 마음이 있는 사람은 고통받는 이웃을 도울 수 있고, 어려운 일에 대해서 잘 대처할 수 있는 여력이 있다.

그녀는 일찍 결혼해서 아이를 기르면서 경제적인 기반에 도움이 되려고 보험회사 외판원을 시작했다. 보험에 대해서 알고 있어야 고객들에게 설명을 잘할 수 있다는 생각으로 회사에서 받은 책을 다 외웠다. 그래서 동료들 간에 오가는 질문에 대답을 잘할 수 있어서 주목을 받기 시작했다. 어느 날 지점장이 갑작스레 그 책의 내용에 대해서 전 직원에게 시험을 치게 했다. 그녀는 한 문제 틀리고 다 맞았고, 다른 직원들은 대다수가 60점에 미달됐다. 그 일이 있고 소장 발령을 받아서 지도자가 되었고 실적도 좋아서 상을 타기도 했다. 얼마 후에 외판원의 한계를 깨닫고 스스로 운영할 수 있는 일터를 갖겠다는 생각으로 미용기술을 배워서 미장원을 열게 되었다. 그녀는 좋은 약을 사용해서 염색하고 따뜻한 마음으로 손님을 대하기 때문에 그곳에 있는 시간이 편안하게 느껴져서 단골손님이 많았다.

그녀는 '못난이'에서 시작했어도 극복하겠다는 의지를 가지고 자신에 대한 믿음을 잃지 않고 살아온 진정으로 자신을 사랑한 사람이다. 그래서 그녀는 자신의 삶을 원하는 방향으로 전진시킬 수 있었다. 삶의 가치 기준이 자신 안에 형성되어 있으면 외부의 바람에 쉽게 흔들리지 않으면서 살 수 있다. 그러나 자신의 가치를 타인의 평가에 의존해서 살면 불안해서 요동치는 삶을 살게 된다. 그래서 통상적으로 성공했다는 말은 진열장 안에 있는 상품처럼 보기는 좋은데 실질적인 가치는 알 수 없다. 쉽게 눈에 띄지 않지만 주체적으로 자신의 삶을 사는 사람이 성공한 사람이라고 생각하면서 미장원을 나선다.

(2021. 여름)

길벗들과의 재회

"안녕하세요? 오랜만입니다. 어떻게들 지내셨어요?"라고 말하면서 방안으로 들어섰다. 앉아있는 여남은 명의 얼굴이 땅거미 질 무렵의 어스름에 보는 것처럼 낯익기도 하고, 또 얼른 알아보기 힘든 낯설음도 섞여 있었다. 나는 지목하는 자리에 앉으면서 옆에 있는 커니Cony에게 반가운 인사를 했고, 커니는 옆자리에 있는 미국 남자 단Don을 소개했다. 남편이냐고 물었더니, 대학교 동창이고 이번 여행그룹에서 만났다고 했다.

첫 인사 절차가 끝난 후에 차례로 얼굴을 둘러보니, 깊은 우물 속에서 이름이 하나씩 두레박에 실려 올라왔다. 누구누구가 나올 것이라는 이메일을 받아서일까? 얼굴과 이름이 잘 맞는 것이 신기했는데, 마지막 차례쯤에서 전혀 낯선 얼굴이 보였다. 앞에 앉은 사람에게 누구냐고 속삭여 물었다. 그는 큰 소리로 이름을 말하고 나는 민망하여 고개를 조아리며,

"죄송합니다. 살이 많이 찌셔서 못 알아 뵈었습니다."

그는 말없이 웃기만 했다.

우리는 몇 십 년 전에 같은 학교에서 근무하던 동료들이었다. 그때에 평화봉사단원으로 함께 교단에 섰던 커니가 한국 정부 초청 프로그램으로 한국을 방문하면서 영어과 선생님들을 찾았다. 계기에 연락이 되는 다른 과목 선생님들도 함께 만나자고 해서 모이게 되었는데, 한두 분을 제외하고는 거의 연락이 없이 지내왔다. 대부분 별 말이 없었고, 입담이 좋은 선생님의 농담이 무거운 분위기의 어색함을 녹이고 있었으나 눈가의 주름 속에 끼어있는 시간의 축적이 너무 많아서인지 예전의 교무실 분위기에 젖어들기에는 어림이 없었다.

학급이 증설되던 학교여서 대학을 갓 졸업한 교사들이 몇 년 사이에 많이 들어왔고 첫 직장이어서 풋풋한 분위기로 유쾌한 시간을 보냈던 것 같다. 거침없는 농담으로 웃음바다가 되었고, 가끔 큰 소리로 언쟁하기도 했으나 지금 생각하면 그 후에 어느 곳에서도 그런 생기 있는 분위기에서 일하지 못했다. 그렇게 시내던 어느 날, 교무실에 대학을 갓 졸업한 커니가 등장하였다. 남자 선생님들은 난롯가에서 새로운 소일거리가 생겼다. 서툰 영어로 건네는 농담으로 해프닝이 많이 벌어졌고, 영어 선생님들은 그 진화를 하느라 땀을 빼기도 했었다.

그녀는 그때의 일화들을 기억하고 있었다. 지금 생각하면 보석처럼 소중한 시간들을 함께 나눈 동료들이기에 마음속에 남아있는 잔상들이 가끔 반짝 되살아나서 즐거운 마음이 되었다. 그러나 미래의 시간이 많이 남지 않은 사람들을 보니 오히려 그 행복했던 추억을 거두어 가는 듯 시린 마음이 되었다.

현직에서 부대낄 때에는 작은 일로 언성을 높이며 감정이 격앙되기도 했고, 뒤돌아서서 험담도 했었다. 누군가를 따돌리기도 했고, 따돌림을 당한 적도 있었다. 그러나 긴 세월은 나쁜 기억뿐만 아니라 친밀했던 흔적도 지워, 새로 만난 사람들처럼 출발점에 서서 다시 교감交感을 시작해야 할 것 같았다.

일회성의 만남이 아쉬워 연례모임을 갖자고 연락처를 총무에게 건넸고, 이메일로 다른 동료들의 것도 받았다. 그러나 오랜 시간 동안 각자 걸어온 삶에 축적된 자국들이 엄청난 거리를 만들었다. 나이가 든다는 것은 과거를 돌아보거나 미래를 설계하기보다 현재를 갈무리하며 살아가기가 빠듯한 시간이다. 지난 시간들을 메울 수 있는 마음이 되려면 상당한 시간의 교류가 있어야 하리라. 푸른 시절에 길에서 잠시 만나 동행한 길벗들이 커니가 만들어준 기회에 다시 만났으나 헤어진 후로 다시는 만나지 않았다.

과거와 현재, 미래가 일직선상에 놓여 있는 듯하지만, 살고 있는 시간은 현재이고, 과거의 시간들은 삭아서 현재의 토양으로만 남아있기 때문에 현재에서 다시 불러낼 수 없는 시간이다. 빛바랜 사진처럼 추억의 사진첩 속에 남겨두고 가끔 꺼내보며 미소 짓는 것이 오히려 아름다운 것 같다. 재회를 통해서 그 싱싱하던 모습 위에 노년의 모습들이 겹쳐서 오히려 외면하게 된다.

(2015. 6월)

영원히

젊은 시절에는 '영원히'라는 말을 거리낌 없이 사용한다. 입력된 어휘가 필요할 때에 자연스럽게 입 밖으로 나오기 때문이다. 그 말은 주로 우정을 이야기할 때나 연인들에게 애정을 고백 할 때처럼 사랑하는 마음을 표현할 때에 덧붙이는 말이다. 사소한 일에도 쉽게 마음이 요동치고, 첫눈에 마음을 빼앗길 수 있는 젊은 시절에 연인에게 '너를 영원히 사랑해!' 라는 말을 거침없이 사용하면서 스스로도 그 말을 믿는다. 그것은 거짓이 아니고 당시에 마음속에 이성을 향한 사랑의 감정이 가득차서 다른 이성이 눈에 들어오지 않기 때문이다. 그래서 자신의 감정이 전부 상대를 향한 사랑으로 꽉 차있고 변하지 않으리라는 것을 '영원히'라는 단어로 강조한다. 그렇지만 시간이 지나면서 자신의 감정에 틈이 생겨 회의하다가 헤어지기도 한다.

나이가 들어가면서 한번 먹은 마음이 변하지 않고 오랫동안 지속될 수 있는지에 대해서 스스로에게 묻기 시작한다. 젊은 시절에는 유행에 민감하여 옷가게를 지나다가 좋은 옷이 눈에 띄면 즉흥적으로 사서 얼마동안 입다가 옷걸이에 걸어놓고는 그 존재조차 잊어버린 채 유행의 뒷전으로 밀려나게 한다. 며칠 전에 옷장을 정리하다가 눈에 띄지 않던 옷들을 꺼내 입어보면서 내가 왜 이것들을 샀을까하는 의문이 생긴다. 살 때는 정말 마음에 들었을 텐데. 나는 그것들을 즉시 재활용상자에 넣고 나니, 옷걸이에 빈자리가 생겨 새 옷을 걸 수 있겠다고 생각한다. 내 마음속에도 이런 신구 교체가 자주 있어 왔다고 생각한다. 곰곰이 생각해 보니, 변해 왔던 내 마음이 다행이었다는 생각이 들기도 한다. 변하지 않는 안목으로 살아가면 현실에서 뒤처지는 삶을 살았을 테니까.

마음의 변화를 인정하고 나면, 내일의 나를 알 수 없다는 생각이 점점 강하게 밀려온다. 내 마음의 느낌은 한순간 강했다가 희미해지고, 사라졌다가 다시 떠오르기도 하는 '순간'에만 존재하는 것이라는 생각이 든다. 그러나 마음속에는 변함없이 그 감정을 지속해야 한다는 훈련된 체계 또한 존재하기 때문에 심한 변덕에 시달리지는 않았던 것 같다. 그렇지만 '영원히'라는 말은 이제 쉽게 말할 수 없고, 내 어휘 목록의 뒤쪽에서 처분을 기다리는 처지에 있다.

그러면서 인간의 감정이 물과 같다는 생각이 들기 시작한다.

물은 끊임없이 낮은 곳으로 흘러가는데 흐르지 않으면 썩어서 물의 순기능을 상실한다. 인간의 몸은 20년 동안 성장해서 청년기에 정점을 이루고 쇠퇴기가 시작되어 오육십여 년 간 늙어간다고 한다. 감정도 시작할 때에는 빠른 속도로 증가하지만 천천히 줄어들면서 반대 감정이 반비례로 늘어간다. 감정도 시시각각 변하는 것이 자연스러운 것이고, 변하지 않으면 권태감으로 사는 재미를 느끼지 못하고 우울해질지도 모른다. 또한 느낌이 변해야 새로운 환경에 대처할 수 있도록 관점이 변화될 것이다. 몇 십 년 동안 옆에 있어 온 친구와 말 한마디로 파경을 맞는 것은 변화하는 속도가 서로 맞지 않기 때문일 것이다.

이런 감정의 흔들림 밑에는 욕망의 마그마가 들어 있다. 그것은 생존본능이기 때문에 스스로도 억제할 수 없다. 인간이 본능을 초월할 수 있는 능력은 만화영화에만 존재한다. 성인이 되면, 집단 안에서 살아가는 존재라는 자의식을 가지고 끊임없이 분출하는 욕심을 다스려야 한다는 초자아의 명령에 따르는 것이 무의식화 된다. 그러나 위기의 순간에 항상 본능이 표면 위로 떠올라서 행위를 지배하리라는 것도 경험을 통해서 알게 된다.

그래서 흘러가는 인간의 마음을 잘 알았던 현인賢人들이 변덕을 도덕과 법으로 다스려서 일관성 있는 인격체로 살아가게 한 곳이 문명사회이다. 사냥터를 찾아서 떠돌던 남자들이 가정을 이루고 정착하면서 공동체가 생겼고, 여러 사람이 살아가면서 욕심을 제어하여 안정된 공동체를 만들기 위해서 도덕과 법이 정착되었다. 그러나 인간은 외연적 법률로 통제가 안 되는 존재여서 끊임없이 분란이 일어나고 있다. 또 부부가 해로한다고 해서 변심이 없었다고 보는 사람도 없을 것이다. 집을 뛰쳐나가고 싶을 만큼 미운 마음이 있어도 모든 격한 마음은 사그라지기 마련이니까 평온해지면 다시 안정된 기반을 이탈하고 싶지 않게 된다.

이렇게 흐르는 마음을 잡아주는 것이 정인 듯하다. 마음속에 흐르지 않아도 썩지 않고 푸르게 남아 있는 것이니까. 정의 속성은 이해와 용서이다. 가족이나 친지, 가까이서 지내는 동료들과 지속적인 관계를 유지하게 해 주는 것은 이해관계를 뛰어넘어서 너그러운 마음으로 타인을 받아들이게 하는 정이다. 정을 소중하게 생각하면서 격한 마음을 다스릴 줄 아는 사람이 좋은 인간관계를 유지하며 사회 일원으로 평탄하게 살아간다.

이러한 복잡한 인간의 마음속에 한결같음을 유지시켜 주는 또 한 가지는 가치관이다. 친구들과 어울려 자라는 동안에 자연스럽게 터득하고, 교육의 힘으로 바른 가치관이 길러진다. 그때에 인간관계에서 믿음이 가장 중요한 것임을 알게 된다. 다른 사람에게 믿음을 주는 존재가 되기 위해서 자신을 희생할 줄도 알게 된다. 이런 정신이 쉽게 변할 수 있는 마음을 올바른 가치가 있는 일을 위해 인내하면서 욕심을 억제할 수 있게 해 준다. 이렇게 잘 다듬어진 인격을 가진 사람에게는 그래도 감정의 지속성이 유지될 수 있을 것이다.

그러나 '영원히'는 여전히 신의 영역에 들어 있는 어휘이고, 인간세계에서는 실현되기 어려워서 허위적으로 차용될 뿐이라는 생각은 변함없다. 마치 어린아이가 엄마를 하늘만큼 땅만큼 사랑한다는 말과 같이 참뜻이 무엇인지 생각하지 않고 막연하게 사용될 뿐이다. 마음의 흔들림을 내색하거나 변심을 행동에 옮기지 않고, 한 감정을 '한결같이' 유지하려고 끝없이 노력하는 것이 인간에게는 '영원히'와 같은 뜻이 될 것이다. 인지과학자들이 '인간은 일관적이지 않다.'고 한 말을 들었을 때에 내 마음속에서 일어나는 변덕이 자연스러운 흐름이라고 자위한 적이 있다.

(2016. 겨울)

시간 나들이

"순자야~! 학교 가자~!"

먼 곳에서 반향되는 듯한 소리에 나는 두리번거리다가

"나간다~!" 하고 작은 소리로 중얼거린다.

희자 목소리이다. 초등학교 첫 등교 날부터 아침마다 게으른 나를 불러서 지각하지 않게 해 주었던 부름이다. 그 소리는 가장 익숙한 고향의 소리여서 마음은 이미 어릴 적 동무들과 뛰놀던 도시의 거리에서 서성인다.

그 메아리가 시간을 균열시켜 현재와 여러 켜의 과거의 순열順列을 무너뜨려 자유롭게 섞여 오가게 한다. 어차피 마음속에 있는 기억은 벌집 같은 구멍 속에 들어 있다가 유사한 상황이 발생하면 저절로 의식에서 머뭇거리다가 반김이 없으면 제자리로 돌아가는 것이 아니던가. 시간이 경과하면 그것들은 조금씩 흐릿해져 사라지기도 하지만, 마음 이곳저곳에 소리 없이 대기하고 있다.

문학기행단에 끼여 군산 관광안내소에서 해설사를 따라 이곳 저곳을 기웃거리며 내 기억의 흔적과 만나리라는 기대감으로 설렜다. 유·소녀기를 보낸 도시, 바로 그곳이었다. 이동하면서 낡은 목조 기와집이 상가 사이에 끼인 곳이 보이기는 했으나 낯익은 곳이 눈에 띄지 않았다. 십 년이면 변하는 강산, 격변했던 산업사회에서 인구 도시 집중화를 겪은 시대에 그 중심이었던 곳에서 수십 년 동안 온전하게 보전된 옛 모습을 기대했던 내 무지함에 스스로 어이가 없었다.

마지막 목적지인 '근대역사 종합 안내센터'에서 두 집의 맞닿은 처마 사이에 박석이 깔린 좁은 길로 들어가면서 뜻밖에 나무 창살과 덧댄 나무 살을 보고 무엇인가 가까이 오고 있는 느낌이 생겼다. 그러나 갑자기 앞이 탁 트이면서 작은 못을 품은 서구식 정원이 나타나서 마음이 내려앉는 듯했다. 돌다리를 건너 못의 한가운데 서서 둘러선 십여 채의 목조 주택을 찬찬이 살피는 동안에 친근감이 되살아났다. 그곳 한 집의 내부를 허물어서 넓은 홀로 만든 찻집에서 차를 마시는 사이에 구석에 오시레(붙박이장)였던 선반이 낯익어서 찬찬히 둘러보니 길 쪽에 현관문이 보였다. 나는 환하게 뚫린 찻집 내부의 공간을 내가 살았던 집으로 칸막이를 시작해 보았다. 현관에서 긴 복도로 이어지는 마루로 올라서면 복도 양 옆에 안방과 건넌방이 있고 뒤쪽에 부엌

문을 지나면 마당으로 나가는 문이 있었다. 나는 그 부엌문으로 들어와서 다다미가 깔렸던 건넛방에서 차를 마시고 있었다.

밖으로 나가서 툭 터진 정원을 나무판자 울타리로 막아본다. 넓은 정원은 열 개의 길고 좁은 마당으로 나뉘면서 봉선화, 채송화, 분꽃이 피어 있는 뒤뜰이 되었다. '맞아! 바로 여기야!' 나무판자 울타리의 옹이 빠진 구멍으로 옆집의 경옥이와 수다를 떨다가 어른들에게 지청구를 듣기도 했었지. 나는 그곳에서 내가 성장한 집 앞거리를 떠올렸다.

낯익은 아이들이 모여 놀고 있었다. 나는 동무들을 불러 모아 현관문을 열고 들어가서 복도를 지나 마당으로 내려갔다. 세수한 물을 끼얹어 길러 놓은 봉선화 꽃과 잎을 따서 백반과 함께 돌확 전에 찧어 피마자 잎에 싸놓았다. 저녁밥을 먹고 친구들과 함께 그것을 열 손톱에 올려 피마자 잎을 찢어서 감싸고 실로 묶었다. 우리는 만면에 미소를 지으며 두 손을 앞으로 들고 나갔다. 나는 저녁 내내 벌쓰듯 손을 쓰지 않고 들고 다녔다. 아침에 일어나 보니 몇 개는 빠져 나가서 붉은 색이 차이나는 짝짝이 손톱이 되어 있었다. 아침나절에 우리는 현관 앞의 길턱에 앉아서 번갈아 손톱을 보며 한참 동안 수다를 떨었다.

여고 졸업 후에 각자 흩어져서 현재에 열중했던 동안에 하나의 점으로만 존재하던 곳. 적산敵産가옥이 즐비했던 적산 도시. 일본인들이 호남평야의 쌀을 탈취해 가기 위해서 작은 어촌을 바둑판식으로 도시계획하고 그 안에 일산가옥을 지어 영구히 자신의 영토로 삼으려 했던 야심이 명확하게 드러났던 곳이다. 일본 도시에서 같은 유형의 가옥들이 열 지어 있는 거리를 보면서 고향에 와 있는 듯한 착각을 한 적도 있었다. 길에서 바로 현관으로 들어가는 구조는 대문으로 마당에 들어서서 집으로 들어가는 한옥의 구조와 맞지 않아서 대부분 헐리고, 근대 유산으로 보존된 이 구역이 보존된 것 같았다.

그곳에 단 한 번의 발 디딤으로 수십 년의 시간을 밀어버리고 들려오는 환청. 그 메아리가 숨어 있는 시간의 조각들을 불러내어 감각을 혼란시키는 기이함. 그리움이 왈칵 솟구쳐서 그들을 찾아서 어디든지 나서야 할 것 같은 생각이 들었다. 그러나 작은 점 안에는 이곳에 사는 어떤 친구에 대한 정보도 없었다. 외국에 나가서 살았던 동안에 한국에서는 통신 시설의 대변혁이 생겨 내가 적어 두었던 숫자들은 무의미한 직·곡선에 불과했다. 내 무심함에 대한 죄책감으로 마음이 움츠러들었다. 그사이에 특이한 경험 한 가지가 떠올랐다.

우리 집 안방에 있는 화롯불 재 속에 달걀 몇 개를 묻어 놓고 여럿이 수다를 떨며 익기를 기다리고 있었다. 갑자기 펑 하는 폭발음과 함께 회색 먼지가 화산재처럼 솟아올라 온 방안을 덮어 버렸다. 너무 놀라 문밖으로 뛰쳐나와서 희자네 집으로 달려갔다. 얼굴과 옷이 재로 덮여서 웃음이 터져 나올 법한 모습이었지만 겁에 질린 우리들은 어찌할 바를 모른 채 긴장하고 있었다. 놀란 희자 어머니는 계란을 구울 때에 위에 구멍을 뚫지 않아서 폭발한 것이라고 말하며 씻을 물을 준비해 주셨다. 그 후에 이 사건은 우리를 따라다니는 놀림감이 되었다. 지금도 구운 달걀을 까먹을 때에 그림자처럼 휙 지나가는 재투성이 친구들을 본다.

우리는 고등학교 때까지 한동네에 살면서 놀고 다투기를 반복하였지만 속셈 없이 친밀한 교감을 하는 소중한 친구들이었다. 그것은 그 후에 내가 누군가와 친구가 되었을 때에 내 안에서 되살아나는 정감이 되었다. 성인이 되면서 인간관계의 저류에는 이해관계로 인한 거리가 늘 존재했기에 진심을 나누는 교류가 쉽지 않았다. 그래도 잠시 소수의 동료들과 마음을 터놓고 지낼 수 있었던 것은 그들과 가졌던 관계의 뿌리에서 피어난 꽃이었다. 뜻을 이루기 위해서 시도했던 일이 좌절되어 우울할 때에 마음속에 간직된 쉼터가 되어 잠시라도 꺾인 욕망을 부려 놓을 수 있는 곳 또한 그들과 지냈던 이곳이었다.

"와~! 점심 먹자." 무쇠 난로 옆 자리에 앉은 친구가 선생님 눈치를 보며 데워준 도시락을 열면 김치찌개 냄새를 풍기는 반찬과 밑이 노릇하게 누른 밥에서 김이 올랐다. 어떤 아이는 미리 밥을 먹어서 반쯤밖에 없어도 다른 사람의 밥그릇에 쉽게 수저를 댈 수 있었고, 반찬은 공유물이었다. 이름과 얼굴이 흐릿하게 기억날 듯 하다가 사라진다.

마음이 따뜻해지며 그리움이 피어 오른다. 일본인들이 자녀 교육을 위해서 백여 년 전에 세운 여자 중고등학교에서 우리들의 꿈이 여물었다. 수업시간에 지루하면 앞에 있는 월명산을 보며 새처럼 먼 곳으로 마음을 띄우기도 했었다. 점심시간에 도시락을 가지고 뒷산에 올라가 금강을 내려다보며 해외로 나갈 꿈도 꾸었다. 그 후에 각자 주어진 길을 따라 흩어져서 소식을 모른 채 마음속에서만 만난다.

나는 그곳에 다녀와서 점의 터널을 들락거리며 잊고 있었던 시간을 벌집 속에서 불러내고 있다. 그리고 친구들을 찾을 수 있는 방법을 궁리하고 있다.

(2018. 가을)

오늘도 한강은 흐른다

새벽녘에 하늘이 환해지면, 밤새 속이 타서 거무레하던 강이 회색으로 자태를 드러낸다. 남한산성이 있는 청량산 능선에서 해의 둥근 얼굴이 빛을 뿜으며 조금씩 솟아오르면 강물은 그리던 임과 조우한 듯 생기가 살아나서 찰랑거린다. 이렇게 대도시의 시간이 물결 위에 얹혀 흘러가기 시작한다.

강물과 나란히 생겨난 길 위로 일을 시작하는 사람들을 실은 자동차들이 줄지어 달려간다. 그들은 차창 너머로 강물을 보며 빽빽하게 짜인 일상을 시작하기 전에 시원한 물에 시선을 담그고 간밤의 취기와 미진한 잠을 털어낸다. 강물은 그들의 시선에 잔잔한 눈웃음으로 알은체한다. 긴 기차도 사람을 실고 강 위를 매끄럽게 가로질러 지나간다. 어딘가에 마음 급한 사람들을 무더기 무더기로 내려놓고 다시 사람들을 실어 오는 일을 반복한다. 그것이 강물이 갈라놓은 두 땅을 이어주는 일에 골몰하는 동안에 서민들은 큰 불편 없이 서울의 남북을 오간다. 몇 개의 다리 위에도 자동차들이 개미처럼 부지런히 물을 건너 오간다.

분주한 아침이 지나고 차들의 왕래가 뜸한 시간에 끝없이 투명한 하늘에 끌려 하늘이 맞닿아 있는 강가로 나온다. 하얗게 팬 억새 이삭과 놀던 바람이 반갑게 달려와서 나를 감싸 안는다. 숨을 크게 내쉬었다가 깊숙이 물 냄새를 들이쉰다. 둔치를 덮고 있는 풀과 나무에 가을이 내려앉았다. 오백 년 전부터 이어온 풍습을 되살리려고 심어놓은 천여 그루의 뽕나무가 한여름에 달콤한 오디를 달고 나를 불러내었는데, 지금은 잎들이 쇠잔하여 한줄기 바람에도 견디지 못하고 허공을 맴돌다 무더기로 떨어지고 있다. 생명체가 피할 수 없는 마지막 시간에 대한 생각이 잠시 머리를 스친다.

하늘의 푸른빛에 물들어 맑아진 강물은 무심한 듯 흘러가고 있다. 느리게 흐르는 물위에 그려진 부드러운 곡선을 보고 있으니 잡념이 가시고 머리가 개운해진다. 가까이 가서 마음을 열고 귀 기울여보면, 금강산 바위 틈에서 새어나오면서 떨어지던 청량한 물소리가 들리고, 태백의 검룡소 계곡에서 소곤거리던 개울물소리도 들린다. 두 갈래 줄기가 천리가 넘게 흘러오면서 옆구리로 흘러드는 수많은 물줄기들을 막지 않고 받아들이고, 생수가 필요한 생명체들에게 물을 나누어 주어 풍요한 삶을 누리게 하면서도 넓은 너비가 되어 나라의 심장부를 지나가고 있다.

이렇게 먼 길 오면서 주고받는 동안에 터득한 너그러운 화음和音이 물위에 퍼져 있어서 도시인들이 잊고 사는 자연이 살아가는 순리의 아름다움이 보인다.

기스락으로 내려가면 물고기가 강의 급류에 휩쓸리지 않도록 만들어 놓은 어도魚道가 있다. 물속에서 영사되는 화면을 들여다보면 돌개구멍에서 따라 나선 작은 고기들이 놀고 있고, 논두렁 사이에서 흘러들었을 게들이 수초를 뜯고 있다. 큰 고기들은 넓은 세상으로 가서 꿈을 펼쳐보려면 너무 일찍 나대지 못하게 다독이며 데리고 온 듯 순하게 헤엄쳐 지나간다. 물은 그 속에서 살아가는 것들에게 아무런 간섭을 하지 않기 때문에 아주 자유스럽게 살아가고 있다. 텅 빈 듯 보이는 강물이 이렇게 다양한 생명들을 품고 있는 것이 신기하다.

소통으로 새로워져서 생명력을 키운 강은 자신을 의지하며 사는 수도권의 거대한 집단을 위해서 오늘도 보듬고 온 물을 아낌없이 나누어 주고 더러운 물을 받아 정화하는 일을 쉬지 않는다. 그러나 물을 받아 대를 이어가면서 살아가는 사람들은 젖을 빠는 아기처럼 당연한 듯 받아쓰면서 그 존재는 의식하지 않고 산다. 생색내지 않는 강의 모성적 나눔을 의식하기에는 그들의 생존이 너무 바쁘다. 이렇게 강물의 순환을 지켜보면서 늘 보고 만질 수 있어서 오히려 존재를 잊어버리고 있는 소중한 것들을 생각해 본다.

사람들은 생존하면서 같은 일을 반복하는 것을 좋아하기 때문에 그 터 주위로 무수한 길이 생겨났고, 다져진 발자국 안에 수백 년의 시간이 쌓여 있다. 물 앞에서 끊긴 길을 따라 올라가면 나라를 쥐락펴락하며 백성의 중심이 되는 어른들이 일하는 몇 곳에서 길이 시작되는 것을 알 수 있다. 백성들이 바라는 것은 안전한 생존권임을 그들도 잘 알고 있으리라고 믿는다. 그 일을 하기 위한 방법론에서 이견을 보이면 서로 논쟁하고, 사리私利와 공리公利가 모호해 보이는 사항에서 극단적으로 투쟁하기도 한다. 그 힘겨루기를 할 때에 치켜드는 깃발에 '국민'이 그려져 있다. 백성들은 자신들이 그려진 깃발을 의아하게 쳐다보며 그 의미의 진정성을 가늠해 본다. 그들이 강물의 순리를 배우면 지혜로운 어른이 될 터인데! 그들을 지켜보아온 남산이 강물에 얼굴을 묻는다.

주말이면 강변에 방치해둔 초지에 사람들이 모여들어 주중에 겨룸 터에서 받았던 숨가쁜 압박을 강물의 느림 위에 털어놓고 휴식을 취한다. 어떤 이들은 목표를 향해 질주하면서 받았던 긴장감을 역설적으로 자전거 위에서 더 빠르게 달리면서 공중으로 날려 보내기도 한다. 자신의 능력을 의지해서 살아야 하는 도식화된 일상에서 벗어나서 가슴을 펴고 잠시 자유로워질 공간을 내 주는 강이 고맙다.

나도 이곳에서 산책하는 동안에 마음이 강물 위의 빈 공간을 닮은 듯 여유롭게 되어 잠시 시간을 잊고 있어 흐름이 멈춘 듯하다. 이제 바쁜 흐름에 실려도 무리 없이 달릴 수 있을 것 같은 자신감이 생긴다. 내가 살아갈 시간을 생각하며 강물에 손을 담그니 나도 강물이 되어 흐른다. 내 몸속에서 시간도 다시 흐른다.

(2015. 가을)

한계에 도전했던 작가와 데이트
—어네스트 헤밍웨이

아침에 여행준비를 하면서 창밖이 환해서 내다보니 눈이 많이 내려 있다. 준비를 마치고 필라델피아 공항에 도착하여 수속하면서 기상이 걱정스러웠다. 비행기가 하늘에 오르니 1월의 날씨로는 맑아서 창밖에 구름이 떠가는 모습에 안심이 된다. 공중에 네 시간 떠있는 동안에 이런저런 생각을 하다가 잠시 눈을 붙였는데 착륙할 테니 좌석벨트를 매라는 방송에 정신을 차리고 귀에 통증을 줄이기 위해서 껌을 씹으며 반듯하게 앉는다. 오래지 않아 비행기는 하강하기 시작해서 바퀴 부딪히는 소리와 함께 승객들이 박수를 친다. 무사 착륙에 대한 기쁨인지 아니면 조종사에 대한 감사인지는 모르겠으나 미국 사람들은 비행기 바퀴가 땅에 닿으면 박수를 치는데 승무원들에게는 고무적일 것 같다.

마이애미 공항으로 나오니 사람들이 민소매 옷을 입고 있다.

겨울과 여름이 공존하는 큰 국토를 가진 미국이 부럽다. 화장실에 들어가서 얇은 옷으로 갈아입고 나니, 나도 플로리다 사람이 된 듯 마음이 가벼워진다. 렌터카 회사차로 시내를 벗어나 에버글레이즈 습지 사이를 지나면서 오늘 만날 사람을 생각할 여유가 생긴다. 논문을 쓰면서 일 년 동안 탐독했던 어네스트 헤밍웨이의 소설과 생애, 문학론들을 통해서 친숙함이 생긴 탓인지 친근한 어른을 만나러 가는 듯 편안하다.

키웨스트까지 마흔두 개의 작은 섬 사이에 놓인 다리는 푸른 물위에 떠있는 듯해서 마치 동화의 세계로 들어가는 착각을 일으킨다. 서너 시간을 달리는 동안에 나는 바다에서 헤엄치는 물고기가 된 듯 편안하고 자유로워져 어떤 일이 온다 해도 도전할 수 있겠다는 배짱이 생긴다.

드디어 마지막 섬인 키웨스트에 도착한다. 미국의 땅끝 섬, 어딘가에 땅끝 지점 표지가 있을 것이다. 나는 헤밍웨이의 오랜 단골 술집인 '스라피 조 바'(Sloppy Jeo's Bar)에 도착한다. 대낮이어서 홀에 손님들은 많지 않고, 벽에 헤밍웨이가 잡은 청새치가 박제되어 걸려있다. 무대 뒤의 검은 막 위에 그의 말년의 모습이 그려져 있고, 그가 글을 쓰곤 했던 책상이 한쪽에 보존되어 있다. 홀 전체에서 그의 체취가 느껴진다.

잠시 후에 화면 속의 그가 실제로 나타난다. 휜칠한 키에 나이도 빼앗지 못한 준수한 외모의 노인이 들어온다. 그는 악수를

청하고 자신의 책상에 앉는다. 나는 마음이 벅차서 입이 열리지 않는다. 곧 그의 달변이 내 귀와 입을 열게 할 것임을 기대하면서 자리에 앉아서 우리는 커피를 주문한다.

"반가워요. 나는 지금 바다에서 낚시하다가 왔어요."

"지금도 낚시를 즐기시네요. 왜 그렇게 일생을 낚시와 사냥, 전쟁터 같은 폭력의 현장으로 가셨어요?"

"1925년에 발표한 《우리들의 시대에》에 실린 〈인디안 캠프〉를 읽었나요?"

"네. 어린 닉이 외과 의사인 아버지를 따라 인디안 촌에 갔던 이야기지요? 그는 아버지가 이틀 동안이나 산통을 겪던 어린 인디안 여인을 마취제도 없이 잭나이프와 낚싯줄로 제왕절개하여 아이를 출산시키는 장면을 목격했어요. 그 위칸 침대에 다리를 다쳐 누워있던 남편이 부인이 지르는 고함을 견디지 못하고 면도칼로 목을 베어 죽었죠. 그 장면을 목격한 닉은 결코 죽지 않겠다고 말했어요."

"나는 외과 의사인 아버지를 따라 그곳에 갔었는데, 실제로 폭력에 의한 탄생과 죽음을 목격했고, 죽지 않겠다고 결심을 했어요. 죽지 않으려면 용기가 필요했고, 그 용기를 증명하기 위해서는 폭력과 죽음의 현장에 가야 했어요."

" 낚시나 사냥으로 충분하지 않았나요?"

"아버지가 네 살 되던 생일날에 낚싯대를 선물해 주었기 때문에 아주 즐기는 일이기는 했어도, 그런 소극적인 것들은 십대에는 즐거움을 주었지만, 치열하게 폭력에 대항하여 죽음을 이겨내는 용기는 보여줄 수 없었죠. 고등학교 때에 권투도 했었죠. 그러다가 눈을 다쳤습니다. 세계 일차대전이 일어났을 때에 내가 죽음과 대항할 수 있는 최적지가 전쟁터라 생각하고 군인으로 참전하려 했으나 시력이 좋지 않아서 적십자사 앰뷸런스 운전병으로 이태리로 갔습니다."

"저도 《무기여 잘 있거라》를 읽었고, 그곳에서 포탄에 맞아서 몸에 백팔십여 개의 파편이 박혔음에도 옆에 있는 부상병을 끌고 참호 속으로 들어가서 기절했었지요. 그 강한 정신력에 입을 다물지 못했습니다. 그때에 대해서 당신은 "주머니에서 실크 스카프를 뽑듯이" 생명이 빠져나가는 것을 경험했다고 하셨습니다. 그 일은 실제로 당신이 하신 일이어서 훈장을 받으셨지요? 당신의 소설들은 경험한 것들을 쓴 것이어서 당신의 생애와 의식의 흐름을 이해하기가 쉬워요."

"맞아요. 이태리에서 나는 죽음을 경험했고, 그 후에 공포에 대한 강박관념을 갖게 되어 그것을 극복하기 위해서 남은 생애 동안에 용기를 시험할 필요를 더욱 느끼게 되었어요."

"참전은 당신 삶의 전환기가 되었던 것 같은데요. 그 소설에서 헨리 중위는 전선에서 후퇴하는 도중에 아군 헌병들이 검문도 없이 총격을 가할 때 강물로 뛰어들어 살아났지요. 그는 전쟁의 폭력성이 합리적인 질서와 가치관을 파괴하는 현장을 목격하게 되고, 연인인 캐서린과 스위스로 가서 “사회와 분리된 평화”를 누리려 했지만 그녀의 죽음으로 허무감에 빠졌던 것 같은데요.”

“그래요. 전쟁은 물리적인 파괴뿐만 아니라 정신적인 가치도 파괴하기 때문에 사회는 무질서의 혼란에 빠졌죠. 《해는 또다시 뜬다》에서 전후에 허무감에 젖어 충동적으로 사는 젊은 세대를 그렸지요. 내가 거주했던 파리의 젊은 작가들이 ‘추방자 서클’을 만들어 미국의 여성작가인 거트루드 스타인(Gertrude Stein)이 운영하는 서점에 자주 모였는데, 그녀는 우리들의 후견인이었죠. 그녀는 우리에게 “당신들 모두 잃어버린 세대야.”라고 말해서 그 책의 제사(prologue)로 사용했어요. 사회적인 가치가 사라진 시대에는 각 개인은 자신만의 가치를 찾아내야 했어요. 주인공 제이크 반즈는 전쟁 때문에 성불능자가 되었지만, 그는 그 시대의 도덕 불능자들의 상징입니다.”

웨이터가 커피를 부어주고 돌아갔다.

“내가 소설을 통해서 내적 가치관을 찾으려는 시도는 그 때에 젊은이들의 시대정신이었습니다. 《종은 누구를 위해서 울리나》에서 로벗 조단을 주위의 어떤 것에도 상관하지 않고 자신의 신념대로 사는 사람으로 그리기 시작했고, 내면의 가치관을 완성시킨 주인공은 《노인과 바다》의 산티아고입니다.”

“아! 그 작품을 쓴 후에 노벨상을 받으셨는데, 위원회는 ‘힘차고 독특한 서술 기법의 완성'이라고 이유를 설명했지요. 1952년에 《Life》지에서 단행본으로 발행했는데, 48시간 안에 5백30만 부가 팔린 기록을 읽었습니다. 12년 동안 선생님 작품을 기다려온 독자들의 목마름의 표현이면서 그 작품의 우수성을 증명했다고 생각합니다. 그 작품 중에 산티아고의 말인, "파괴될지언정 패배할 수는 없다." 는 선생님의 불패정신을 대변한 것이지요?"

"그렇다고 볼 수 있지요. 노벨상 수상문에서 나는 '작가는 지금까지 써 왔던 것과 다른 것, 더 나아가서 다른 작가들이 시도해 보지 않은 것을 써야만 합니다. 위대한 작가는 자신이 과거에 썼던 것을 넘어서 아무도 도와줄 수 없는 것을 써야 합니다. 나는 말하고 싶은 것을 쓰고, 입으로 말하는 것은 싫어합니다." 라고 말했습니다.

산티아고는 혼자서 극단적인 상황에서 자신에 대한 믿음과 신념을 가지고 능력의 한계를 넓혀가는 과정을 보여 주었습니다. 작가의 글쓰기도 이와 다르지 않습니다."

"그래서 당시에 '이 시대에 결점이 없는 완벽한 중편 소설'이라는 평을 받았군요. 선생님은 평론가들의 언급을 싫어하셨는데, 지금까지 선생님 작품과 동반해서 꼭 읽히는 필립 영(Philip Young)이 당신 작품의 주인공을 '원칙에 따라 사는 주인공(code hero)'이라고 자리매김해서 많은 사람들이 공감했습니다. 이에 대해서 어떻게 생각하세요?"

나는 식은 커피로 목을 축이고 계속해서 말한다.

"그는 당신의 주인공들은 외상(trauma)을 극복하기 위해서 명예와 용기, 인내라는 세 가지 원칙을 지키며 살았다고 다음과 같이 말했습니다. '우리는 그 사람들을 '코드 주인공'이라고 부를 수밖에 없는데, 그가 그 코드를 습득하면 세상에서 폭력과 무질서, 불행을 적절히 견디며 살 수 있기 때문이다. 코드 주인공은 명예와 용기, 긴장과 고통 속에서 사람을 사람답게 만들고, 전쟁터와 같은 삶의 현장에서 패배하지 않고 살아갈 수 있게 만드는 인내의 세 원칙을 확고하게 확립시켰다. 이것은 작가가 사용했던 유명한 말인 '압력을 받으면서도 품위'를 지키는 말로 대변할 수 있다.'고 했습니다."

"누가 당신이 살면서 한 모든 일이 트라우마 때문이라고 말한다면 어떨 것 같습니까? 비평가들은 내 작품을 자기의 침대에 뉘어놓고 길이에 맞게 재단하는 사람과 같아요. 그의 이론이 부분적으로 맞을 수 있지만 내 작품이 한 이론만으로 단순하게 해석할 수 있다고는 생각하지 않아요."

"저도 동의합니다. 그러나 평론은 한 주제에 집중해서 쓸 수밖에 없어요."

나는 물 한 모금을 마시며 긴장을 풀고 다시 말을 시작한다.

"당신의 빙산문학이론이 지금까지도 회자되고 있습니다."

"그렇습니까? 빙산은 8분의 7이 물밑에 있죠. 글을 쓸 때에 아는 것은 무엇이든 지울 수 있죠. 그것은 독자들의 마음에도 이미 있으니까요. 그렇게 하면 글이 더 단단해져요. 작가가 모르기 때문에 쓰지 않았다면 그 글에 구멍이 생겨요. 다른 작가들이 어떻게 대량의 어휘들을 포함한 작품을 발표하고도 만족할 수 있는지 궁금해요. 나는 작은 보석으로 깎으려고 노력하는데."

"당신이 파리에서 글쓰기 시작했을 때에 'One true sentence'라는 말로 수식어를 배제한 짧고 분명한 문장을 쓰려고 노력했던 것을 기억합니다. 또 《노인과 바다》를 200번 고쳐 쓰셨다고 했는데, 컴퓨터도 없던 때에 어떻게 쓰셨어요?"

"연필로 종이에 썼기 때문에 몽당연필이 여러 개 생겼고 그것을 지금도 가지고 있습니다."

"당신의 그런 노력은 후배들에게 많은 영향을 끼쳐서 'hard boiled style(단단하게 삶아진 달걀과 같은 문체)'이라고 불리며 저도 그렇게 쓰려고 노력하지만 나열한 것을 제거하는 것이 참 어려워요."

"제 노력이 헛되지 않았군요."

"당신은 언제 글을 쓰시나요?"

"나는 새벽에 잠에서 깨면 4, 5시간 글을 씁니다. 밤과 낮의 생각에 큰 차이가 있기 때문에 밤에 글을 쓰면 아침에 다시 쓰게 되죠."

“당신은 사실주의 시대에 속해서 모더니즘을 구현하신 작가로 경험한 것을 쓰기 위해서 세계의 이곳저곳, 특히 20세기 전반기의 전쟁에 모두 참여하면서 글을 쓰셨는데요.”

“그래요 나는 경험한 일을 글을 통해서 전달하여 그 글을 읽은 독자가 자신의 경험으로 받아들일 수 있도록 열심히 노력했어요. 그래서 내 삶 자체가 끝없는 관찰로 이어졌지요. 작가가 관찰을 멈추면 끝장나는 겁니다. 그래서 작가는 정력적으로 살아야 해요. 작가가 삶에서 은퇴하게 되면 그의 글도 쇠퇴하죠. 사용하지 않는 팔다리처럼 몸과 마음은 연동되어 있기 때문에 운동선수가 몸 관리를 하지 않으면 좋은 운동을 할 수 없는 것과 같습니다.”

그는 잠시 차 한 모금을 마신다.

“삶과 문학에 대한 내 철학의 중심은 각 개인은 자신의 잠재능력을 최대한 살려낼 필요가 있고, 만약 그렇지 못하면 실패라고 봅니다. 목표에 이르기 위해서 방종과 게으름을 최소화하고 최대의 노력과 단련을 통해서 그곳에 도달해야 한다고 생각합니다.”

“〈킬리만자로의 눈〉에서 해리를 부유한 아내와 결혼하여 누리게 된 풍요한 생활로 글쓰기를 게을리했기 때문에 정신적으로 죽은 사람으로 표현하셨지요. 그는 신의 집이라고 불리는 킬리만자로 산봉우리 서쪽의 눈 덮인 곳에 얼어서 썩지 않은 표범처럼 불멸의 작가가 되고 싶었다는 꿈을 되뇌며 죽었어요."

"모든 예술가가 가진 꿈이고 불안감이기도 하지 않습니까?"

"그렇지요. 선생님은 21세기에도 신의 집의 표범으로 살아계시고 계속 후배들의 롤 모델이십니다."

"고마워요. 집에 저녁식사가 준비되어 있습니다."

그가 폭력적인 죽음의 현장에서 역동적으로 살면서 보석과 같은 작품을 썼다는 생각에 다시 가슴이 벅차오른다. 그를 따라 넓은 정원에 이층으로 된 집으로 들어가니 고양이 여러 마리가 뒤따라온다. 몸에서 빼낸 파편을 포함한 소설에 나왔던 물품들을 보고 나서 함께 저녁을 먹는다. 이렇게 뜻하지 않게 가슴 설레는 행복한 시간이 찾아오기 때문에 세상이 살 만하지 않은가!

(2017. 5월)

Ⅳ.

정치현상의 콜라주

창밖의 대선 풍경

로널드 레이건 대통령(1981–1989)의 임기 중에 나는 미국에 거주하면서 그가 거의 한 달에 한 번씩 기자회견하는 모습을 보아왔다. 그는 레거노믹스로 불리던 감세와 정부예산의 축소를 기본으로 하여 국민들이 저축하며 경제적으로 안정할 수 있는 정책을 수행했지만 성공적인 결과가 되지는 못했다. 그럼에도 여론조사에서 미 국민들이 뽑은 가장 위대한 대통령은 20011년까지 링컨을 제치고 1위였다. 그는 온화한 모습으로 기자들과 회견했는데, 동료들과 정담을 나누듯 화기애애한 분위기여서 국민들과 원활한 소통이 이루어졌다. 그래서 국민들은 그의 회견을 기다리기까지 했던 듯했다. 임기 말에 그가 살 집을 소개하는 1시간 프로 방영을 지켜보았다. LA의 비버리힐스에 수영장이 있는 대저택이었다. 햇빛 쏟아지는 아름다운 정원과 집안의 이모저모를 소개하였다. 은퇴하는 대통령이 기거할 집에 이토록 관심을 가지고 있는 것이 놀라웠다. 우리나라에서는 그때까지 다섯 분의 대통령이 불행한 뒷모습으로 퇴임하였기에 환송을 받으며 떠나는 장면이 낯설었다.

미 국민이 퇴임 대통령을 환송하는 원인이 무엇일까 생각하면서 맹자의 왕도정치의 조건을 생각했다. 그는 좋은 왕은 첫째로 도덕적인 인격을 갖추어야 한다고 했다. 그리고 현명하고 능력 있는 관리를 등용하여 국민을 경제적으로 안정시키면서 적절한 세금을 부가시켜 공정한 사회를 이룩해야 한다. 그래서 국민을 도덕적으로 교화시킬 수 있어야 좋은 나라가 될 수 있다고 했다. B.C. 4세기에 쓴 군주론이어서 현대 상황에서 보면 옛날이야기 같지만, 군주가 갖추어야 할 골격은 크게 다르지 않은 것 같다. 이 시대에 도덕이나 진리 같은 말은 일상어에서 사라져서 그림자만 남아 있지만 그래도 한 나라의 최고 지도자는 국민들의 신뢰를 받는 사람이어야 한다는 점은 시대를 초월하는 기본이 아닐까 생각한다. 또한 앞을 내다보는 정치적 안목과 열린 마음으로 인재를 잘 등용하여 구상하는 정책이 국민들의 삶에 유용하게 실현된다면 국민들은 그를 고마운 마음으로 환송할 것이다. 시대적 상황은 변해도 인간의 본질이 변하지 않으니 맹자의 의견이 지금도 유효하다는 생각이다. 레이건 대통령은 국민에게 솔직하게 정부의 입장을 털어놓아서 그의 정책이 성공적이지 않았어도 그에 대한 믿음을 잃지 않았던 것 같다.

1989년에 한국에 돌아왔을 때에 노태우님이 대통령이었다. 그가 12·12쿠데타와 5·18군사진압의 폭력적 정권 탈취에 가담했기에 힘으로 밀어붙이는 독재 성향의 군사정권이라는 생각이 들었다. 그래도 이전의 군사정권과는 다르게 민주적 절차로 정권을 이어받았고, '물태우'라는 별명처럼 상당히 유연하게 대내외 정책을 시행했던 것 같다. 그가 금년 10월 말에 별세하면서 유족들이 그의 유언을 발표했다. "위대한 대한민국과 국민을 위해서 봉사할 수 있어서 참으로 감사하고 영광스러웠다. 나름대로 최선의 노력을 다했지만 그럼에도 부족한 점 및 저의 과오들에 대해 깊은 용서를 바란다."

그가 가장 용서받고 싶은 과오는 5·18 때 가족을 잃은 유족에게일 것이다. 그는 그들에게 미안하다는 말을 여러 번 했다고 하며, 아들이 광주 묘역에 몇 번 참배했다는 기사도 있다. 역사적 공과功過에 대한 평가를 떠나서 사죄하는 마음으로 살았다는 말을 들으니 그의 인품에 대해서 긍정적인 마음이 든다.

우리나라는 일제강점기를 벗어난 1945년 이후에 민주정부로 정치를 시작하면서 과도기에 혼란이 이어졌다. 대권을 쥔 지도자들이 과도한 자기애自己愛로 큰 힘이 정의롭게 사용되지 못하고 정권유지를 위해서 탈법적인 린치로 정적을 제거하고 국민들을 무시하면서 저항을 불러일으켰다. 그래서 정권이 정상적으로 이양되지 못하고 떠나는 대통령들의 모습이 처참했고, 매

번 퇴임이 가까워지는 대통령을 주시하며 끝이 무사할까 하는 염려가 되곤 했다.

정치하는 사람들에게는 대권은 최고의 꿈일 것이다. 내년에 있을 대선 후보경선이 시작되면서 나라가 들썩이고 있다. 경선 토론과 국민을 향해 내놓는 메시지를 들으며 맹자의 군주론을 다시 생각한다. 그들이 하는 말이 한 나라를 움직일 힘을 주어도 괜찮은 후보일까 하는 물음표가 사라지지 않기 때문이다. 길거리에서 시비를 걸고 있는 사람들의 입에서 나올 법한 어처구니없는 말들이 며칠씩 뉴스에 회자되기도 하고, 쏟아놓았던 망언妄言들의 리스트가 떠돌고 있으니, 한국의 미래에 어두운 그림자가 드리우는 듯하다. 인품이 어지간만이라도 했으면 좋을 텐데, 각 후보들의 토론하는 모습은 객관적이고 합리적인 정책에 대한 검증이 되지 못하고 거의 인신 공격적 다툼이었다. 각 후보들에 대한 여론 조사에서 호감도에 비해서 비호감도가 두 배 이상 높은 것을 보며 이들 중에 한 사람이 대통령이 될 수밖에 없다는 생각을 하면서 울울하다. 그러나 각 당의 후보 경선이기 때문에 약점을 부각시키려고 그럴 거라고 마음을 추스르며 긍정적인 마음을 유지하려고 애써본다.

국민들의 성향 또한 상식적이지 않다. 한번 차지한 대권을 순순히 내놓지 않고 버티던 대권 소지자들에게서 국민들이 목숨걸고 투쟁하여 민주주의를 정착시킨 불행한 현대사를 지나온 나라이다. 이런 정치사로 인해서 국민들의 정치성향이 극단적인 경향으로 흐르고 있다. 특히 노·장년층에서 한 정당이 내 편이라는 생각으로 무조건 지지하기 때문에 정치적 성향이 양극화 되어 있어서 국민들끼리 주자에 대해서 깊이 있는 토론을 할 수가 없다. 더욱이 현직 대통령들에 대한 천박스런 언어가 담긴 가짜 영상들이 떠도는 것을 보며 품격이 사라져 가는 사회풍조가 염려스럽다. 그러나 한 가지 다행한 것은 지금 진보와 보수 후보를 적극적으로 지지하는 국민이 각 삼분의 일이고 중도 층이 삼분의 일이어서 편향된 정치성향이 완화되어가고 있다는 긍정적인 생각이 든다. 나도 한 정당을 지금까지 지지해온 편향된 마음을 거두어서 한 후보만을 응원하지 않고 중도지대로 들어오니, 대선 정국이 길거리 풍경이 되어 크게 마음 상하지 않게 되었다.

상황이 암담하니까 나라의 주인은 누구일까 하는 뜬금없는 물음이 생긴다. 대권을 쥔 사람이 주인인 듯 행세하지만 5년 임기가 끝나면 다시 누군가에게로 넘어간다. 임기 중에 저지른 과오에 따라서 사법처분으로 두 분이 투옥되어 있는 불행한 사태를 지켜보는 국민들은 착잡한 마음이다. 나라의 진정한 주인은 누구일까? 《경향신문》 이기환 기자가 정읍시가 보관하고 있는 《임계기사》를 기초로 쓴 기사를 읽으며 답을 찾아본다.

선조 25년(1592)에 임진왜란이 일어났을 때에 왕은 임진강을 건너 피난을 떠났고, 5곳의 사고史庫 중에 4 곳이 왜군에게 유린당해서 실록이 소실되고 있었다. 전주의 경기전慶基殿 사고에 건재健在한 사료史料들이라도 피난시켜야 한다는 절박감으로 적임자를 찾고 있었다. 어수선한 시국이어서 관료들이 나서지 않는 중에 당시의 나이로는 노구인 전라도 태인의 선비인 64살의 안의와 56살의 손홍록이 사재를 털고 가복 30여 명으로 이안移安 작업을 했다. 경기전에서 쓰인 각종 제기祭器와 태조 어진, 실록 830책, 《고려사》 등 전적 538책을 50여 바리에 싣고 내장산 여러 암자로 옮겨 다녔다. 일 년여 간 두 선비가 숙직을 하면서 지키는 동안에 승려들과 하급관리, 근처 마을의 사당패 100여명이 암자를 떠나지 않고 함께했다.

왜란이 끝나고 선조의 명으로 이들은 다시 이것을 사재를 들여 행재소로 옮겼는데, 왕은 두 선비에게 6품 별제 벼슬을 내렸지만 벼슬을 바라고 한 일이 아니라고 고사하며 "나라의 근본인 백성이 다 굶어죽게 생겼다."며 '나라를 위한 6가지 중흥책'을 제안하고 고향으로 돌아갔다. 임란 후에 유일하게 남겨진 그 실록을 바탕으로 5부를 더 만들어 사고에 보관했는데, 다시 여러 재난을 당했지만 지금까지 명맥을 이어서 조선왕조실록이 세계기록문화유산이 되었다. 이렇게 사고를 지켜낸 것은 대신이나 왕이 아니고 이름 없는 선비와 하급관리, 지방무대를 전전한 사당패 같은 일반백성과 천민들이었다.

일제 강점기에도 백성들이 스스로 독립운동을 했고, 현대사에서도 권력을 내놓지 않고 버티던 지도자들로부터 목숨 걸고 투쟁하면서 국민들의 권리를 찾아낸 순수한 대학생들과 이름 없는 시민들이 진정한 나라의 주인이 아닐지. 후보들은 말없는 국민들이 일거수일투족을 주시하고 있음을 염두에 두고 신중하게 유세활동에 임했으면 좋겠다는 생각을 한다. 현직 대통령이 한 후보에게 "국민을 생각하며 정책으로 정정당당한 승부를 하라."는 조언은 후보와 국민들이 귀담아 들어야 할 것 같다. 한 중년남성이 아버지가 "정직하고 성실하면 밥은 먹고 살 수 있다."고 하신 말씀을 생각하며 어려움이 닥쳐도 그 원칙으로 버티며 생활안정을 이룩할 수 있었다는 말을 들었다. 나라의 주인들은 기본권의 보장 속에서 큰 욕심 없이 자신의 삶에 충실한 사람들이 탈 없이 살 수 있게만 해 주어도 대통령이 있어서 좋다고 생각하지 않을지.

그러나 대선 후보들은 나라의 내일과 먼 미래에 대한 비전을 제시하기보다 '지금 당장, 여기'에 초점을 맞춘 포퓰리즘으로 표를 모으는 데 집중하는 유세를 하고 있고, 국민들은 후보들에게 재미와 이익을 기대하며 모바일 투표에 참여하는 계층도 있는 듯하다. 가끔 인터넷 기사에 접속하면서 후보들의 피상적인 한 두 면에 집중해서 기사를 이어가고 있기 때문에 깊이 있는 사고보다 즉시적인 한 면으로 상황을 판단하기 쉽다는 생각을 해왔다. 이러한 시대의 흐름에 편승할 수 없는 나 같은 사람은 준비가 덜 된 후보들 중에 누가 실수를 덜 하는지 눈여겨보며 내 생각 속에 잠겨 흐름만 구경하면서 혹시나 더 신뢰할 수 있는 후보가 누구인지 살펴보고 있다. 나는 이렇게 이번 대선에서 '인싸'가 아닌 '아웃싸'로 관전만 하면서 아쉬움을 달랜다.

우리는 언제 레이건 대통령처럼 퇴임해서 살 집에 대해서 애정 어린 관심으로 환송할 수 있는 대통령을 모실 수 있을지. 앞으로 큰 자리에 오를 분이 국민들이 신임할 수 있는 인품과 지혜로 국민의 삶을 보살피는 진심을 가진 사람이기를…!

(2021. 12월)

촛불 새를 날리며

바람에 날리는 눈은 사뿐히 승무를 추듯 내리고 있었다. 눈이 떨어지는 곳도 하얗게 눈에 덮여 있는 산비탈이었다. 저렇게 아름답고 가뿐한 것들이 나무 한 그루 보이지 않게 산을 덮고 있다는 것이 믿어지지 않았다. 눈발은 조금씩 거세지더니 펑펑 쏟아지고 있었다. 전문 등산가 몇 명이 산을 오르고 있었는데, 한 발을 딛는 순간 바로 밑으로 눈더미가 밀려 내리기 시작했다. 그들은 그 사태를 피하려고 온 힘을 다해 밧줄을 타고 올라가고 있었는데, 그 동작은 카메라가 느리게 찍은 동작처럼 굼뜨게 보였다. 다행히 그들은 그동안의 경험으로 안전하게 위기를 모면했고 삶의 줄을 놓치지 않았다.

왜 이 시간에 그 여행 프로그램의 영상이 떠오르는지 생각하면서 초와 성냥을 찾아냈다. 실용가치는 없어지고 제단의 의식을 위해서만 사용하는 것을 비상시 때 쓰려고 오래전에 준비해 두었던 것이다. 텔레비전 스위치를 켜니, 많은 사람들이 촛불을 손에 들고 함성을 지르고 있었고, 못지않게 흥분한 해설자들의 말이 방안에 크게 울렸다. 집회에 나가서 참석할 열정이 부족한 나는 어둑해 가는 창밖을 내다보고 초에 불을 켰다. 그것은 미세한 내 손의 움직임에 예민하게 반응하면서도 한결같은 빛으로 밀려오는 어둠을 밀어내고 있었다. 열린 창틈으로 새어드는 바람에 옆으로 누웠다가 일어서기를 반복하면서도 심지에 붙은 불을 지켜내고 있었다. 그리고 오래지 않아 어두운 방안의 중심점이 되고 내 마음 한가운데로 들어와서 타기 시작했다.

화면에 꽉 찬 사람들의 손에 들린 촛불들은 컵 속에서 그들의 마음속에 있는 한 가지 염원을 보여주기 위해서 흔들림을 견디고 있었다. 그들은 요구사항이 적힌 붉은색 플래카드를 흔들며, "국민의 미래를 위한 정중한 요구입니다"고 했다. 백만 개의 촛불이 말하고 있는 이 의미는 마음을 열고 보지 않으면 시간이 해결할 수 있을 것 같은 보잘것없는 것일 수 있다. 그래서 자신이 하는 일에 대한 분별력이 부족하여 사태의 본질을 파악하지 못한 정치인은 바람이 불면 촛불은 꺼진다고 말했고, 윗분에게서 고맙다는 전화를 받았다는 말이 흘러 나왔다. 그들에게는 촛불보다 폭력적 저항운동이 더 힘이 있고 마무리도 훨씬 쉬울 수 있을 것이다. 아직도 자신을 향해 그 작은 것들이 조용히 뿜어내고 있는 집합된 힘의 위력을 알지 못하는 사람들의 말이 가슴을 누른다. 그 초를 켜든 사람의 마음 읽기를 외면하면 불은 점점 번져서 어둠을 밀어내고 숨겨진 진상을 점점 분명하게 드러낼 것이다. 이렇게 마음에서 번져 나오는 불을 볼 수 없는 사람은 누군가에 의해서 조종되는 로봇일 수 있다는 생각까지 든다.

그의 말대로 초는 바람 한 번으로 꺼질 수 있는데, 켜지기도 쉽다. 심지에는 시작과 그 대립물인 끝이 함께 들어있기 때문이다. 그것은 자신의 존재를 소멸시키면서 타오르기 때문에 누구의 도움 없이 홀로 탈 수 있다. 초를 켜들고 물결을 이루며 모여든 사람들은 불결한 것을 태우고 깨끗한 새 불이 다시 타오르는 것을 원하고 있다. 초는 때때로 눈물을 흘리지만 그 눈물을 태워 다시 빛을 발한다. 촛불은 심지가 자신을 태우는 아픔으로 붉게 타오르고 밑에서 올라오는 푸른빛이 붉은색을 흰빛으로 감싸면서 정결 의식을 마치고 하늘로 오른다. 그 불은 하늘에 있는 마음의 태양을 향해 비상하기 위해서 한 마리 새가 된다. 바람이 불면 오히려 역동적으로 흔들면서 위로 날아오른다. 광화문 광장에 백만 마리의 새가 그들의 꿈을 이루기 위해서 하늘로 날아오른다. 그 새들은 법을 창과 방패로 동시에 사용하면서 진실을 바라볼 능력이 부족한 사람에게로 날아가서 태양과 교감하면서 대낮 같은 빛으로 숨겨진 것들을 드러나게 하리라고 믿는다.

소멸되어야 할 힘을 검은 띠로 겹겹이 휘감는 일을 계속하면서 촛불을 외면하고 있는 그곳 위에 촛불 새는 지금도 날고 있다. 그러나 어둠이 짙은 곳에서 불은 더욱 밝다는 선명한 이치를 아직도 깨닫지 못하고 있다. 검은 장막 속에서 흔들리는 작은 불 꼭지 하나가 어둠을 조금씩 뒷걸음치게 하면서 빛에 적응한 눈들이 이곳저곳에 흩어져 있는 작은 실체들을 응시할 수 있는 것은 조금만 기다리면 금방 알 수 있다. 회피할 길을 찾는 대신에 진정한 마음으로 국민들의 정중한 요구를 이해하는 깨달음이 있기를 기원하며 나도 창문을 열고 촛불 새 한 마리를 날려 보낸다.

(2016. 11. 26.)

골든타임

식료품점 안으로 들어가니, 사람들이 바쁘게 오가며 북적거렸다. 야채진열대 앞에서 가지를 찾고 있는데, 젊은 남자가 단 한 봉지 남은 것을 들고 살피고 있었다. 나는 가슴이 콩닥거렸다. 다행히 그는 그것을 제자리에 놓고 옆으로 비켜섰다. 나는 그것을 집어들었다. 그런데 구부러지고 몽땅하여 이 사람 저 사람이 들었다 놓은 듯, 나도 선뜻 집어들고 싶지 않았다. 그러나 그것을 사려고 온 터여서 울며 겨자 먹기로 장바구니에 담고, 몇 가지 야채를 더 골라서 계산대로 갔다. 그런데 앞사람의 바구니에 그것이 다섯 봉지나 담겨 있었다. 괜스레 심통스러운 마음이 되었다. 혼자 왜 그리 많이 담아서 뒤에 오는 사람들을 허망하게 하는지 묻고 싶었지만 쓸데없는 시비임을 알기에 입도 떼지 못했다.

새로 이사 온 아파트의 친환경 식품매장에 몇 번 들렀는데,

번번이 신선한 야채가 보이지 않아서 직원에게 물으니 재배하는 사람들이 많지 않아서 적은 수량이 들어오기 때문에 문 열자마자 다 소진된다고 했다. 그래서 오늘은 시간 맞추어 매장으로 나왔으나 미리 온 사람들이 문 앞에 줄지어 서 있었다. 단골 소비자들은 이곳 사정을 잘 알기 때문에 미리 대비한 것이었다. 나는 내일을 다짐하며 적절한 때를 잡는 것은 사안에 대한 정보를 알고 부지런히 준비하는 사람에게만 기회가 온다는 것을 마음에 새기며, 씁쓸한 기분으로 집으로 돌아왔다.

사회현상에서도 적절한 시간이 아주 중요하고 이는 힘을 가진 기관의 대처로 골든타임이 지켜진다는 생각을 하고 있다. 요며칠째 골든타임이 국민의 관심사로 떠올라서 뉴스시간의 핫이슈로 등장했다. 위기에는 방어의 적절한 때가 더욱 중요하다. 온 나라가 중동에서 온 호흡기 전염병, 메르스로 들썩이고 있다. 질병관리본부에서 그 병에 대한 정보를 알지 못해서 대량 확산을 예방할 조처를 취하지 못했기 때문에 순식간에 감염자와 그와 접촉한 사람들이 격리되는 초유의 사태가 생겼다. 직분을 맡고 있는 사람들이 중동을 여행하는 국민들이 많이 있는 현실을 도외시했기 때문에 이처럼 무방비로 확산되었다. 감염자들도 당연히 자신의 질병에 대해 알지 못하니까 이곳저곳으로 옮겨 다니는 사이에 방어망이 뚫려서 전 국토로 퍼져나갔다. 막을 수 있는 때를 놓치고 전 국민을 질병의 회오리로 몰아

넣은 정부 당국에 대한 불만에 불안감이 얹혀서 국민들이 갈팡질팡하고 있다.

위기감에 사로잡힌 사람들은 각 개인에게 넘겨진 방어시간을 지키기 위해서 안간힘을 쓰고 있다. 사람들이 외출을 꺼려하고 있으니 거리가 한산하고, 상점도 개점휴업 상태이다. 특히 외국인들이 관광을 기피하고 있으니, 여행업에 관련된 상점들이 큰 곤경에 빠져있다는 뉴스가 계속되고 있다. 이것은 그 업체의 문제가 아니고, 외화수지균형에 문제가 생길 것이라는 생각이 든다. 출퇴근 시간을 피해서 지하철을 타보니 마스크를 쓴 사람들이 서로 얼굴을 맞대지 않으려고 돌아 앉아 있다. 길거리에는 비닐을 머리에 써서 얼굴이 노출되지 않도록 기발한 방어책을 생각해낸 사람들도 걸어 다닌다. 온갖 아이디어로 병의 감염에서 벗어나려는 모습이 애처롭다.

다행히 자신의 안전보다 환자 돌봄을 우선하는 의료진들이 있어서 머지않아 진정되리라는 믿음이 생기고, 그런 소식이 들릴 때에 아직도 믿고 살아볼 만한 세상이라는 뭉클함을 느낀다. 담당자들도 최선을 다한 결과로 진정세로 돌아섰다. 5개월여 만에 그 일이 잊혀 가고 있는데, 뜻밖에 마지막 환자가 다시 양성 판정을 받아서 입원해 있고, 접촉자들도 격리되었다는 뉴스 때문에 다시 불안해진다.

우리나라는 역사적으로 국가적 위기가 발생했을 때에 개인의 문제로 떠넘기고 슬쩍 자리를 피해버렸던 지도자들이 여러 명 있었기 때문에 이번과 같은 일은 길게 왈가왈부하지 않고 잊혀 가고 있다. 그러나 비슷한 사안이 생겼을 때에 똑같은 문제를 국민이 떠안지 않을까 걱정이 된다. 다음을 대비하는 사후 조치가 확실하게 이루어지지 않고 망각 속에서 잊히는 것은 아닌지 불안하다.

큰 국토를 가진 중국의 끊임없는 간섭과 침탈에 시달린 우리 민족은 호전적인 일본에 의해서도 괴로움을 당했었다. 앞날을 예견하고 백성을 지켜주지 못했던 지도자들 때문에 국민들이 감당해야 했던 어려움을 생각하면 서글퍼진다. 임진왜란 때에 선조는 왜병을 피해서 북쪽으로 파천해 버렸기 때문에 백성들은 스스로 삶의 터를 지키기 위해서 곳곳에서 의병을 조직하여 싸웠던 일이 많았음은 익히 아는 일이다.

나주에서 김천일 의병장도 오천여 의병으로 왜적에 대항하여 싸우고 있었다. 그 부인 양씨는 임진왜란이 일어나리라는 것을 예견하여 대비해 왔는데, 몇 년 동안 박을 많이 수확하여 저장해 두었다. 왜군이 밀려왔을 때에 그 말린 박에 검은 칠을 하여 병사들이 옆구리에 차고 다니게 하면서 대장간에서 철 백 근으로 박과 같은 모양을 만들어 왜병이 다니는 곳에 흘리게 하였다. 이를 본 왜병들은 의병들이 허리에 차고 다니는 박의 무게에 혼비백산하여 싸울 엄두도 내지 못하고 달아났기 때문에 나주성을 지켰다고 한다.

어찌 생각하면 내가 살아온 길 위에도 지뢰밭처럼 수많은 기회가 깔려 있었는데, 나는 준비에 힘을 쏟기보다 기회를 찾는 일에 더 열중했던 것 같다.

(2015. 겨울)

어느 뜨거운 여름날에
—6·25 피난

그날은 유난히 햇볕이 뜨거워 땀을 훔치며 학교에서 돌아오니, 집안이 분주하게 돌아가고 있었다. 이모가 전쟁이 나서 피난가야 하니, 너도 네 짐을 챙기라고 했다. 나는 피난이 무엇인지 모르지만 짐을 챙기라는 말에 방으로 들어가서 몇 권의 책과 공책 등 학용품을 보자기에 둘둘 말아서 윗목에 밀어 놓았다. 초등학교 저학년생인 나에게 그것이 중요한 것의 전부였다.

다음 날 아침 시골에 계신 고모님 댁에 간다고 하면서 식구들 모두 일찍 등과 손에 짐을 들고 집을 나섰다. 나는 시골 나들이로 알고 내 보따리를 들고 신나게 껑충거리며 앞장섰다. 누군가가 학교에 못 다닐 텐데 웬 책을 가져 가냐고 했지만 말귀를 못 알아들은 나는 누가 빼어서 방에 던져 넣을세라 꼭 끌어안았다. 길에 나서니, 우리 같은 차림을 한 사람들이 많았다. 점심때가 되어 사람들이 늘어서서 가는 길가에 앉아서 집에서 마련해

온 점심을 먹었고 저녁 무렵에 고모님 댁에 도착했다. 나는 사촌들의 환대에 신이 나서 즐거운 시간을 가졌다.

다음 날 다시 길을 떠났는데, 나는 다리 아프다고 계속 우는 소리를 하며 따라갔다. 도중에 하늘에 비행기 소리가 요란했는데, 큰 비행기가 보일 때마다 손뼉을 치며 좋아했다. 이삼일 후에 목적지인 친가의 집성촌에 도착해서 친척의 문간채에 짐을 풀었다. 오래지 않아서 비행기 소리와 포탄이 터지는 소리에 놀랐고, 밤에 등잔불도 켜면 안 된다고 해서 일직 잠자리에 들었다. 어른들은 알 수 없는 소리로 소곤거리면서 놀라거나 혀를 찼다.

며칠 후부터 내 또래 아이들과 어울려 산과 들로 쏘다니며 분위기의 눌림에서 벗어날 수 있었다. 도시에서 자란 내게는 신기한 것들이 많았다. 산에 가서 산딸기 같은 열매를 따먹고 방아깨비를 잡아서 방아 찧기를 시키며 재미있게 놀았다. 논에 들어가 우렁이를 잡기도 했지만 나는 거머리가 무서워서 논에 맨발을 디디지 못했다.

냇물에 들어가서 고기잡이도 했다. 아이들이 바구니에 된장을 붙여서 물 안에 기울여 놓으면 송사리들이 모여들기 시작했다. 작은 물고기들이 먹이를 찾아 모여드는 모습이 예뻐서 시간 가는 줄을 몰랐다. 물이 반쯤 담긴 대접에 작은 물고기를 쏟아 붓고 나면 그것들이 바글거리는 것에 손뼉을 치며 좋아했다. 지금도 찰랑거리는 맑은 물위에 쏟아지던 노란 햇빛의 즐거운 일렁임이 눈에 선하다.

어느 날엔가 주막에 이상한 사람들이 와 있다고 해서 몰려갔다. 삼베옷을 입은 한 젊은 사람이 손이 묶인 채 국수를 먹고 있었다. 등 뒤에 "나는 인민의 피를 빨아먹은 형사입니다."라는 쪽지가 보였다. 옆에 있던 사람이 밥을 먹으면서 우리에게 "아주 나쁜 놈이야!"라고 말했다. 나는 두려움으로 멀찌감치 떨어져서 형사의 얼굴을 보았다. 그는 고개를 들지 못하고 먹기만 했는데, 이목구비가 뚜렷하게 때 벗은 얼굴이었다. 나는 저런 사람이 어떻게 피를 빨아 먹었을지 무서운 생각이 들었다. 저녁에 집에 와서 어머니에게 그 사실을 말하니까 다시 그런 데 가면 안 된다고 했다.

그곳에 온 지 며칠 후부터 아버지와 삼촌들은 눈에 보이지 않았는데, 어머니는 일이 있어서 집에 다니러 가셨다고 했다. 나는 왜 집에 안 가냐고 물었지만 방학이라 이곳에서 지내야 한다고 했다. 나는 아이들과 어울리면 금방 열중할 수 있어서 별로 보채지 않았던 것 같다.

벼에서 이삭이 나와서 누렇게 변해가기 시작하면서 메뚜기 잡이로 놀이가 바뀌었다. 어른들끼리 인민군이 벼 이삭의 개수를 새어 갔다고 하면서 혀를 찼다. 아침저녁으로 시원한 바람이 불기 시작한 어느 날, 한 아이가 태극기를 흔들며 "해방됐다~!"

라고 소리지르면서 뛰어왔다. 우리는 그 아이에게 무슨 소리냐고 물었다. 그는 "인민군이 물러갔대."라고 했다. 집으로 뛰어가서 같은 말을 했더니, 어머니가 짐을 꾸리면서 내일 집으로 간다고 했다.

다음날 구석에 박혀 있는 내 짐의 먼지를 털어 등에 메고 길을 떠났다. 집에 간다는 기쁨과 여러 달 동안 친하게 지냈던 아이들과 헤어지고 익숙해진 산과 개울을 떠나야 한다는 섭섭함이 교차했다. 집으로 오는 길에 긴 다리를 건너는데, 큰 구멍이 여러 개 뚫려 있어서 나는 울면서 발을 떼지 못하고, 안겨서 건넜다. 그 후에 고소 공포증이 생겼고 지금도 높은 곳을 걸을 때에는 다리가 후들거린다. 집안으로 들어가니, 누군가가 장과 서랍을 모두 열어서 옷가지를 흩뜨려 놓아서 난장판이 되어 있었다.

전쟁이 무엇인지도 모르는 나이에 내가 겪은 일은 엄청난 역사적 사건이었다. 그러나 내게 시골에서의 삼 개월은 어린 시절의 황금기로 기억된다. 철이 들어서야 내가 왜 그곳에 가야 했는지 알았고, 어른이 되어서 설레는 마음으로 시골에 찾아갔는데, 마음 깊은 곳에서 고향과 같은 안온함을 주었던 곳이 아니었다. 내가 기거했던 집은 헐렸고, 산은 작은 동산이었다. 무릎 위까지 차올라서 치마를 적시곤 했던 냇물은 아주 작은 개울물이었다.

평창올림픽에서 북한 선수들과 단일팀이 된 아이스하키 선수들이 처음에는 어색한 듯했지만 한 언어로 소통하면서 금방 친해진 듯했다. 한국 음악인들이 평양에 가서 공연을 한 후에 김위원장이 〈가을이 왔다〉는 제목으로 서울에서 공연을 하자는 이야기를 들으면서 어떤 가능성으로 기대감이 생긴다. 사안의 당사자가 미래에 할 일에 과거시제를 쓴 것은 확고한 의지를 보여준 것이 아닐까?

책보따리를 싸들고 피난길에 따라 나섰던 어린이가 노년기에 이르고 보니, 만나면 바로 의사소통이 되는 그곳에 가서 북경에 있는 옥류관에서 먹었던 맛있는 냉면을 먹어보고 싶다는 조급한 마음이 생긴다. 우리 겨레는 모두 반드시 한 나라가 될 수 있을 것이라는 기대를 저버리지 않고 살아왔다. 가수들이 "우리의 소원은 통일~."을 노래 부를 때에 관중석에 있는 북한 주민들도 따라 부르고, 우리도 따라 부르면서 한민족인 우리들의 마음은 하나인데, 무엇이 그 소원을 막고 있을까 하는 생각을 계속하게 된다.

4·27. 남북 두 정상이 판문점 분단선을 오가는 것을 보면서 외국기자들까지 박수를 쳤다. 정치가들의 시사적 행위를 진심이라고 믿을 만큼 우리의 역사는 순탄치 않았지만 그래도 믿어 보고 싶은 마음이 절실해진다. 도보다리 끝에 앉아서 긴밀하게 나눈 삼십 분의 은밀한 대화도 우리 겨레가 평화롭게 왕래를 할 수 있기 위한 미래지향적 담화였으리라 믿고 싶어진다. 국민들

은 복잡한 정치현상에 대해 예측할 수 없으니, 그저 우리가 원하는 왕래가 이루어지기를 바랄 뿐이다.

(2018. 여름)

통일, 그 막막한 여정

방탄소년단이 미국의 빌보드 차트에서 1위를 한 소식이 어수선한 사회 분위기에 반짝 빛을 주었다. 최근에 아마존에서 그들의 CD 판매가 1위에 올랐다는 소식은 전 세계에서 가장 사랑받는 아이돌임을 확인할 수 있게 한다. 미국 여행에서 돌아온 친지가 그곳 시골 길거리에서 한글 가사로 노래하는 아이들을 보았다고 했다. 한국도 '글로벌 이벤트'를 당당히 주도할 수 있다는 자신감이 생긴다.

이 시대에 한 개체의 삶이 내 것이니까 내 마음대로 살아갈 수 있다고 말할 수 있는 사람은 없다. 하물며 한 나라의 미래가 국민들만의 의지로 결정되는 일은 절대 없을 것이다. 우리 겨레의 운명은 70여 년 전에 이미 미국과 소련의 정치 이념에 따라 남북이 분단되고, 6·25의 내전을 겪으면서 북에 살던 동포가 고향과 가족을 떠나서 떠돌이로 살아왔다. 내왕할 수 없이 애절한 그리움을 품고 타계한 분들이 많고, 생존해 계신 분들은 고향땅에 발 디딜 날을 고대하며 살아가는 실향민들이다.

지난 4월에 아침 일찍 판문점으로 출발하는 대통령이 전면에 클로즈업될 때부터 전 세계의 이목이 집중되었다. 뜻밖에 남북 정상이 손잡고 분단선을 넘나드는 순간에 삼천여 명의 외국 통신요원들의 박수가 터져 나왔다. 지금까지 남북을 오가던 찬 기류가 따뜻한 공기로 바뀌는 듯했는데, 분단선의 나무다리 위에서 두 정상이 진심으로 대화하는 듯했던 삼십여 분 동안은 겨레의 소원이 이루어질 수도 있겠다는 벅차오름을 느꼈다.

이어서 싱가포르에서 미국과 북한 정상의 만남은 며칠 동안 세계를 흔들면서 열과 증기가 상승하여 태풍으로 발전하리라고 기대했다. 그러나 그 후에 힘겨루기가 계속되고 있어서 잠열이 식고 하강 기류를 타는 듯하여 통일을 가져올 태풍의 눈이 저기압으로 소멸되지 않을까 염려된다. 십대 중반에 함경도에서 피난 내려온 수필가는 고향에서 누렸던 평화로운 어린 시절에 대한 그리움으로 마음속에 성장을 멈춘 소년이 살고 있다고 했다. 또 고향에 가는 날이 오면 자작나무 껍질에 싸여서 그 곁에 잠들고 싶다고 밝힌 소회를 읽으며 그 한의 사무침이 너무 애절했다.

한반도의 분단을 종결시키는 일이 '비핵화'라는 세계적 이슈를 앞세워서 주도권을 쥐고 있는 미국의 손에 달려 있음을 실감

한다. 트럼프가 진행하는 협상을 위한 접촉을 바라보면서 속이 타는 듯하다. 배경의 힘으로 작용하는 중국의 숨은 의도 또한 부정적인 결정타를 날릴 수 있는 힘이 되지 않을까 하는 염려가 뒤따른다. 우리 문제가 왜 강대국들의 힘겨루기에 의해서 결정될 수밖에 없는지, 왜 우리는 방탄소년단처럼 세계를 석권할 힘이 아직 없는지 안타깝다.

마침 TV 화면에 몽골초원에 체구가 작은 여우 가족이 들쥐 사냥을 위해서 살금살금 기어가고 있다. 쥐의 생명이 경각에 달린 찰나에 갑자기 여우 가족이 땅구멍 속으로 사라진다. 이어서 독수리가 순식간에 직선을 그으며 내리꽂히더니 들쥐가 그 발톱에 들려 공중으로 떠오른다. 그 영상을 보는 순간 통일의 여정이 막막해진다.

(2018. 9월)

광장

런던을 여행할 때에 하이드파크에서 돌로 된 작은 단壇 위에서 중년남자가 큰 소리로 열변을 토하고 있었다. 주변에 여남은 명이 둘러서 있었는데 심각하게 귀를 기울이지는 않는 것 같았다. 나는 이곳에 누구나 원하는 사람이 서서 말할 수 있는 단이 있다는 것을 읽은 기억이 났다. 둘레에 있는 사람에게 저 사람이 무슨 이야기를 하는지 물었다. 그는 정치에 대해서 비판을 하고 있다고 대답했다. 나는 공감이 가는 말이어서 듣고 있느냐고 물었다. 그는 산책 나왔다가 지나는 길에 무슨 말을 하는지 잠시 들었을 뿐이라고 말하고 가 버렸다. 나도 심사가 답답할 때에 큰 소리로 털어놓을 곳이 있다면 좋겠다고 생각한 적이 있기 때문에 평범한 사람을 위한 참 좋은 자리를 만들어 놓았다고 생각했다. 큰 이슈가 있을 때에 그것에 맞는 말을 잘한다면, 공감하는 사람들이 모여들 수도 있겠다고 생각했다. 유럽은 길거리에서도 노래나 악기를 불면서 지나는 사람의 발걸음이 잠시 머무르게 하고 공감이 가는 사람들이 동전을 던져주는 광장문화가 발달했다는 생각을 했다.

한국에도 광장문화가 활발하게 살아나는 곳이 있다. 교회 가는 길에 아파트 놀이터에서 아이들의 왁자지껄한 소리가 들려온다. 한 옥타브 높게 지르는 소리는 흥겹게 들리지만 알아들을 수는 없다. 그들은 또래들과 어울려서 자신들의 언어로 소통하면서 마음을 전부 놀이에 쏟아붓고 있다. 오가는 말 속에 온 마음의 기가 넘쳐 나와서 후련한 즐거움이 느껴진다. 아이들이 자신들의 몸과 마음을 털어놓고 어울려 즐길 수 있는 놀이터, 의사소통이 이루어져 완전히 의견일치의 공감이 이루어지는 광장이다. 그 흥에 취해서 내 어린 시절에 놀이에 임했던 기억을 되살려 보려고 애써보지만 마모된 사진처럼 흐릿하게 윤곽만 보일 뿐 마음에 감흥이 살아나지 않는다. 어른이 되면 웬만해서 자신의 의견을 굽히지 않고 멀찌감치 관망만 하면서 마음속으로 시시비비를 가리기 때문에 일체감에 도달하기가 어렵다고 생각하면서 길을 재촉한다.

교회에 들어서면서 마음이 약간 조마조마하다. 예상했던 대로 설교가 시작되면서 한 남자의 "아메~엔." 하는 거친 소리가 큰 교회 안 전체가 들리게 반복되기 시작한다. 그는 문장이 끝날 때마다 소리를 내기 때문에 내용에 공감한다고 보기도 어렵다. 설교 소리에 집중할 수 없게 만드는 방해꾼인데, 아무도 제재를 가하지 않는 것이 이상하다. 다수가 모인 광장에서 혼자만의 감정을 큰 소리로 연발하는 사람은 추방해야 하는 것이 아닌가 생각해 본다. 그러나 교회이기 때문에 그 또한 어려울 것이라고 생각한다. 이 폐쇄된 광장은 의식을 진행하는 사람만이 큰 소리로 말할 수 있다고 생각해 왔는데, 이런 경우는 누구도 간섭할 수 없는 것일까? 아니면 공감하지 않는 다수가 잘못일까? 집단적인 절차가 이루어지는 과정에서 자신의 감정에만 충실한 것이 옳은 일인가를 생각하지만 내가 어떻게도 할 수 없는 일이기에 다음 주에는 다른 예배시간에 참석해야겠다고 생각한다.

2016년 10월 24일에 jtbc에서 손석희 앵커가 최순실 PC에 나타난 국정 농단 사건을 방송하면서 "뉴스와 절망을 함께 전하는 것은 아닌가 하는 자괴감이 든다."는 멘트로 끝을 맺었다. 온 나라가 의아함과 경악으로 혼란의 소용돌이에 휘말렸다. 주말에 광화문 광장에는 사람들이 모여 정치적인 의사표시를 시작했다. 수십만 명이 추위에 떨면서 대통령의 퇴임을 주장했다. 초등학교 어린아이의 손을 잡고 나온 엄마는 '역사의 현장을 보며 나중에 자신이 살 나라를 위해서 할 일이 무엇인지를 보여 주기 위해서 데리고 나왔다.'고 했다. 수녀님은 수줍은 미소로 대답을 대신했다. 다행한 것은 모두가 한마음으로 법을 지키면서 폭력 사태가 발생하는 것을 경계하고 있었다. 경찰차 위로 올라가려는 청년을 옆에서 달래는 모습도 보였다. 폭력은 공권력에 의한 더 큰 폭력을 불러 두 집단이 어우러지면 불행한 결과가 생겼던 경우를 한국 현대사에서 여러 번 목격했었다.

몇 주의 비폭력 집회가 있은 후에, 미국의 한 정치학자는 "비폭력 저항 운동은 한국 국민들의 성숙한 민주의식을 보여주고 있어서 보기가 좋습니다. 앞으로 광장에 모여서 토론을 통해서 국가의 장래에 대해서 모색해 보는 모습이 있으면 좋겠습니다." 고 했다. 국민의식이 그 경지까지 이를 날도 멀지 않았다는 생각으로 기분이 좋아졌다.

12월 9일에 국회에서 대통령 탄핵안이 가결되었다. 집에서 화면으로만 보는 이들은 광장의 주장이 수그러들 것이라고 생각했다. 그러나 근처의 다른 광장에는 태극기를 들고 사람들이 모여들어 사태가 발생한 원인이 된 사건의 진정성에 대해서 의문을 제기하면서 탄핵안을 반대하기 시작했다. 서로 반대되는 주장을 위해서 모여들었지만 준법정신과 비폭력적 의사 표현방식이 지켜지고 있어서 혹시나 하고 가슴을 조였던 시민들을 안심시켰다. 두 집단의 충돌은 마지막까지 발생하지 않았다.

방관자의 입장에서 미국의 정치학자의 말처럼 두 집단이 한 광장에 모여서 각자의 주장을 토론하면서 생산적인 결론에 도달하면 얼마나 좋을까? 이해타산이 없는 어린이들처럼 한 가지 일에 마음이 모아져 어울리는 광장이 가능하기는 할까? 정치 지도자가 온 국민이 사는 나라를 큰 광장으로 생각하여 국민과 소통하면서 자신만 옳다는 고집을 내려놓으면, 놀이터처럼 자연스럽게 공감대가 이루어지지 않을까? 나라 전체가 하나의 광장으로 통합되는 날은 얼마나 더 기다려야 할까?

(2016. 12월)

V.

자연의 흐름 따라

병원 가는 길

두려움과 기대가 섞인 복잡한 마음으로 문밖을 나선다. 청청하게 푸르던 나무가 노랗고 빨갛게 물들어 가을 햇빛에 커다란 한 송이 꽃으로 피어 있다. 그 공중 꽃밭 밑으로 걸어 나가니 꽃그늘과 다르게 따스하다. 찬바람이 불면 떨어져 내릴 잎들을 나무는 마지막 여력을 다해 받쳐주고 있다. 나뭇잎들의 환희에 덩달아 나도 가슴을 쭉 편다. 나무와 꽃은 햇살로 피어나는데, 인간의 마음이 피어나게 하는 것이 무엇일까 생각하면서 길을 잡는다.

그림자가 내 앞에서 나를 인도한다. 젊은 시절에는 내 뒤에 바짝 붙어서 그 존재를 잊게 하더니, 세월 따라 조금씩 자라서 옆을 돌아 내 앞자리를 차지하고 있다. 그것은 병원 가는 길에 더 길게 벋어 자신을 드러낸다. 이유를 알아차릴 수 없는 서러움이 마음에서 번지는 것이 느껴져 고개를 흔든다.

마음에 온기를 줄 만한 순간을 떠올리려고 애써본다. 삶의 자국마다 많은 사람들과 관계를 맺었지만 무지개처럼 기억에서만 잠깐 떴다가 사라지고 실체는 없는 환영인 듯 잡히지 않는다. 그래도 이따금 유사한 물건이나 사건이 열쇠가 되어 좋았던 순간이 떠오르면 잠시 행복해진다. 기억하고 싶지 않지만 비집고 올라오는 불쾌한 얼굴도 있어서 흔적을 지워버리고 싶은 때도 있었다. 그런데 지금은 애써 삭제하지 않아도 시간이 기억을 무디게 해 주어 담담한 마음으로 흘려보낼 수 있어서 다행한 일이다.

놀이터가 가까워지니 거침없는 아이들의 웃음소리가 자지러진다. 높고 가녀린 소리들의 재잘거림이 유년의 터로 나를 데려간다. 아직 전후 분별력이 없어서 두려움을 모르던 시간이었다. 호기심을 따라 마음먹은 대로 행동하고 지껄였던 그 시절의 순정한 마음이 그립다. 혹시 다시 찾을 수 있을까 하여, 아이들이 없는 밤에 그네에 앉아서 흔들어 보기도 하고, 미끄럼틀을 타 보아도 이제는 깨어나지 않는 죽은 시간이었다. 그러나 내 삶의 시원始原인 그 시절은 때때로 적막해진 마음의 사위에 작은 생기의 불씨를 살려준다.

성내천 둑을 향해 계단을 하나씩 천천히 밟고 오른다. 어느 자리든지 오를 때에는 힘이 들어도 위쪽에서 기다리는 보상에 대한 기대가 인내의 한계를 넓혀준다. 중년기에 느닷없는 욕심이 생겨 직장을 사직하고 미국으로 떠났다. 타국생활에 적응하고 공부하는 동안에 내 다리를 버티게 해 주었던 것은 기회가 올 것이라는 자기최면이었다. 그리고 다행히 원하는 일자리를 얻어서 마지막으로 열정을 쏟을 수 있었다. 그 일은 내가 견뎌온 힘든 시간을 보상해 주기에 충분했다.

인간은 어리석어서 작은 고통과 행복은 즉시 느끼면서 반응하지만, 감각을 벗어난 크고 긴 행복은 당시에 깨닫지 못하고 시간이 지난 후에 아쉬움과 그리움으로 찾아온다. 바빴던 시간이 내 인생의 황금기였음을 그때는 몰랐다. 앨범 속의 사진처럼 그 모습에서 오는 기쁨은 어려움을 견뎌온 긴 불행했던 시간을 싸안아서 내가 행복하게 살았다고 생각하게 한다. 사소한 좋은 기억이 긴 나쁜 기억을 덮을 수 있는 것이 인간을 살게 만드는 긍정의 힘일 것이다.

둑 위로 올라 좁은 다리에 들어서니 무표정하고 어두운 얼굴들이 바쁘게 스쳐간다. 건너편 둑에 환자복을 입은 사람들과 보호자가 산책하는 길 아래로 병원 건물이 보인다. 병원은 치유를 위한 곳인데도 그곳으로 가는 사람들은 불안과 염려로 마음이 눌려 있다. 몸에 이상이 느껴져도 큰 병이라는 선고를 받을까봐서 미적거리거나, 별것 아닐 것이라고 자위하며 병원 문을 여는 것을 미루기도 한다. 논리적으로 앞뒤가 맞지 않는 생각들이 의사와의 간격을 멀게 한다. 인간은 생명 앞에서는 자연스럽게 탈脫 논리적이 된다.

병원 문을 밀고 들어가니 넓은 홀에 사람이 가득하다. 사람들은 각각 의사에게 들을 몇 마디로 호된 충격을 받기도 하고, 어두운 터널을 빠져 나온 듯 홀가분할 수 있다. 환자들은 의사의 말을 신의 선고처럼 듣지만, 의사들은 의외로 사무적인 경우가 많다.

소화기내과에 접수하고 체중과 혈압을 잰 후에 진료실 안으로 들어간다. 의사는 컴퓨터를 보면서,

"복부 초음파 검사에 별 이상이 없습니다. 위와 대장 내시경에서도 별 징후를 발견하지 못했습니다. 연세가 있으시니 2년에 한 번씩 오셔서 위 검사를 받는 것이 좋겠습니다."라고 말하면서 잠깐 얼굴을 돌린다. 몇 번 만났지만 낯선 얼굴이다.

"감사합니다. 수고하셨습니다."라고 인사하고 문밖으로 나오면서 의사의 말이 흐린 하늘에서 구름이 갈라진 사이로 쏟아지는 빛발이 되어 마음에 감돌던 불안감을 휘감아 나가는 것을 느낀다. 확실히 의사는 신의 한 수를 가진 사람이다.

(2016. 4월)

안개에 싸여

안개 속에서 낯설음이여!/ 산다는 것은 외로운 것,
아무도 다른 사람을 알지 못하고,/ 모두 다 혼자다.
— 헤르만 헤세

산골 집 마당 위에 해가 부신 볕을 쏟아부어 나뭇가지 속에서 아직 잠자는 게으른 꼬투리들을 깨우고 있다. 일찍 깨어난 생명들과는 교감하면서 그것들의 눈맞춤에 무안하여 일부러 무심한 듯 끔벅이고 있다. 햇볕의 다스함으로 뜰에는 어느새 에로틱한 기운이 넘친다. 나무들은 차례로 꽃봉오리를 밀어 올려 곤충이나 바람의 도움으로 사랑을 나누고 생명의 핵을 담은 작은 씨앗을 숨기고 태연하다. 짝을 찾는 새나 곤충들도 아름다운 울음소리로 또 자신들만 알 수 있는 냄새로 유혹한다. 살아 있는 것들은 각 종種들만 알아차릴 수 있는 암호로 필요한 것을 나누고 똑같은 것을 후대에 전한다. 그 암호를 해독할 수 없는 나는 그들이 무엇을 위해서 생명의 연속성을 지켜나가는지 알 수가 없다.

가끔 우리 집에 들르는 산골 아낙은 거두어 가던 채소를 덜어주면서 자녀들에게 받은 선물을 자랑스럽게 보여주거나 그들에게서 받았던 서운함을 털어놓는다. 그녀는 내가 건성으로 해주는 응대만으로도 위로가 되는지 쉽게 자신의 응어리를 털어놓는다. 그러나 그녀가 여러 사안에 대해서 호소하는 마음이 비슷해서 그녀와 나누었던 대화들을 금세 잊어버린다. 그러나 삶을 지속시키는 자식에 대한 사랑과 미움이 그녀의 생명의 끈임은 알 수 있다.

해가 잠자러 산 뒤로 넘어가니, 까치도 가죽나무 안의 둥지에서 새끼를 품고 쉬고 있다. 그 부부는 낮동안에 부지런히 땅에 내려와 벌레를 잡아 신들린 듯이 벌리는 새끼들 입에 넣어주고는 한다. 고양이가 나무 위로 기어오르는 것을 보자 난리가 난 듯 큰 소리로 짖어대며 부리로 쪼아 더이상 새끼에게 다가가지 못하게 한 적도 있다. 자신의 배고픔과 위험을 뒷전으로 하고, 사력을 다해서 새끼를 돌보는 행위는 무엇일까? 그 스스로도 알 수 없고, 인간의 머리로도 알아낼 수 없는 밀의密意가 그들에게도 있는 것이 아닐까?

어둠이 조여오니 싸늘한 한기가 나무 사이를 어슬렁거리고, 안개가 엉큼하게 땅에서 소리 없이 건들건들 올라와서 집 주위를 에워싸면서 나를 외톨이로 만든다. 혼자 남은 두려움으로 몸이 떨린다. 사람들과 어울리면서도 늘 혼자였는데 새삼스럽게 외로워하다니. 나도 나에게만 전해진 밀의를 풀기 위해서 나에게 집중해 본다.

사춘기에 내 마음을 사로잡고 흔들었던 존재의 이유는 얼마 가지 않아서 나 같은 범인이 생각해서 답을 얻어낼 수 있는 문제가 아님을 알게 되었다. 그러나 그 후로 그것은 더이상 내 머리를 혼란스럽게 하지는 않았으나 내 무의식으로 스며들어 삶의 어떤 궁극적인 문제에 부딪혔을 때에 그리로 연결되었다. 인간은 다른 생명체처럼 생명의 싹이 트면 생존에 열중해서 살아가기만 하는 존재는 아니기 때문이다.

그 무의식적인 추적에 대한 대답은 신에게로 가는 다리이고, 그것이 종교의 시발점이라고 생각하기 시작하면서 한때 나는 종교에 몰두한 적이 있었다. 그러나 종교에 대한 신념은 자신을 내려놓고 온전히 그곳으로 귀의해야만 얻어지는 것이었다. 그렇게 살고 있는 몇 분의 지도자의 삶은 참 아름답고 평안해 보였다. 그러나 그 역시 일상의 재미에 몰두하면서 사는 생활인은 흉내 낼 수 없는 경지라고 돌아서고 말았다. 나는 그저 그 밀의를 밀봉한 채로 가슴에 안고 살아가가는 것이 가뿐한 삶이라고 마음을 추스르며 안개 속에서 나온다.

(2015. 가을)

자연스러운 흐름에 따라서

내 무의식 창고에는 존재조차 잊고 있는 것들이 많이 쌓여 있다가 뜬금없는 시간에 개체들이 불쑥 떠올라 깜짝 놀랄 때가 있다. 인간은 자연의 산물이기에 동식물의 근성이 몸안에 내재되어 있어서 짐승처럼 될 수 있다는 생각을 한 적이 있다. 반면에 영적인 존재로 신의 속성을 닮아서 도인처럼 살 수 있다는 생각도 했다. 그러니, 인간은 짐승과 도인 사이의 넓은 영역 속에서 가치관에 따라서 다양한 모습으로 살아가기에 이 많은 사람들 사이에 서로 같은 사람이 없지 않은가.

그런데 한세상 살아오면서 인간이 영적으로 진화할 수 있다는 생각은 희미해지고, 대다수의 사람들이 사회적 관습을 벗어나지 않는 한도에서 동물적 욕구와 마음의 이끌림으로 살아가고 있다고 생각하게 되었다. 그래서 이성적인 인간이 해서는 안 되는 짓을 한 것을 보면 놀라면서도 동물들의 행위를 생각하며 고개를 끄덕이기도 한다. 이런 마음의 변화 때문인지 요즈음 동물의 행동에 흥미를 가지고 관찰하며 인간에 대한 이해의 폭을 넓히고 있다.

TV 화면에서 개가 입에 물고 있는 밥그릇을 뺏어보려고 해도 절대 놓지 않는다. 장난감을 주면 관심을 보이면서 발로 이리저리 굴리고 다녀서 밥그릇 대신에 그것을 물지 않을까 생각해 보지만 그의 선택은 단연 밥그릇이다. 그는 밥그릇을 먹이가 나오는 요술 그릇으로 여기는 듯하다. 먹이를 가져오면 입에서 그것을 풀어놓아서 담게 하고, 다 먹고 나면 다시 입에 물고 다닌다. 모든 생명에게 생존이 최우선 순위임을 눈으로 확인하는 순간이다.

승강기 문이 열리자 밀대에 짐을 잔뜩 실은 남자가 올라타서 여러 층의 단추를 누르고 내 눈치를 흘깃 본다. 그는 긴장된 몸놀림으로 순식간에 물건을 배달하고 승강기 문이 닫히기 전에 돌아온다. 바이러스가 바꾸어 놓은 세상에서 전문적인 지식이 축적된 사람들이 하던 책상 업무는 줄어들고, 비대면의 규칙이 만들어 놓은 배달 업무가 확장되어 음식가방이 달린 오토바이를 탄 젊은이들을 많이 볼 수 있다. 뉴스에서 석사학위를 가진 젊은이가 구청의 거리미화원 모집에 응시하기 위해서 체력단련하는 모습을 보았다. 불경기 시대이니 체면을 고려하지 않고 변화된 생활환경에 적응하면서 밥그릇을 채워 나가는 것이 실질적인 생활인의 모습이라는 생각이 들었다.

제주도 바닷가에 있는 집에서 진돗개가 주인만 없으면 돌담을 넘어 해변으로 간다. 그것은 얕은 물에 들어가서 고기를 잡으려고 발로 모래를 헤집는 일에 열중한다. 주인은 집에 잠깐 들렀다가 개가 없으면, 바닷가로 가서 목줄을 매고 끌어다 집에 놓아두고, 근처에 있는 일터로 간다. 그러나 개는 조금만 있으면 다시 돌담을 기어오른다. 돌담에 망을 기대어 놓으니 집 뒤 구석진 틈에 옹색하게 발을 디디고 올라서 탈출한다. 혼자 집을 지키는 것이 무료해서 즐길 일을 찾아서 바닷가로 나가는 것이리라. 주인은 쓸데없는 짓으로 몸을 적시고 다른 사람에게 해가 될까봐 애를 태우고 있다. 아무리 생존이 보장되어도 자기만의 낙樂이 있어야 살아갈 수 있다.

아이들은 놀이에서 어떤 목적을 추구하지 않고 활동 자체에서 즐거움을 느낀다. 학교 옆에 있는 아파트 놀이터에 아이들 이십여 명이 놀면서 거침없이 큰 소리를 지른다. 학부모들도 상당수 둘러서 있었는데, 그들은 친구들을 만나기 어려운 상황에서 학교에 오는 날이면 놀이가 끝날 때까지 기다린다고 했다. 아이들의 고함 소리가 고층빌딩 사이 공간으로 퍼져나가서 멀어져 간 밝은 일상을 불러온 듯 흥겹다.

아이들은 다양한 환경을 창조하면서 놀이를 할 풍부한 상상력이 있다. 혼자 집에 있을 때에 아이는 동그랗게 말아 쥔 손을 장롱의 손잡이 밑에 대고 물을 받는 시늉을 한 후에 앞에 있는 친구에게 컵을 내밀며 "너 먼저 마셔." 한다. 그리고 다시 물을 따라서 자신이 마시고 입맛을 다신다. 아이들은 두세 명의 친구와 도구들을 창조하여 함께 놀면 즐거울 수 있기 때문에 혼자 있어도 쓸쓸하지 않다. 놀이는 아이들의 삶이다.

아침에 사무실로 들어오는 남자 발뒤꿈치에 까치 한 마리가 뒤따른다. 그가 까치에게 먹이와 물그릇을 차려주니 먹고 나서 그의 어깨 위에 올라탄다. 6개월 전에 뒷산에서 날개를 다쳐서 날지 못하는 어린것을 데려다가 살려 놓은 후로 까치는 그를 엄마로 여기며 사무실에서 함께 하루를 보낸다. 그런데 요즈음 그것은 남자를 부리로 쪼아대기 시작해서 손과 목에 작은 상처들이 많이 생겨 있다. 전문가는 그것이 이미 성적으로 성숙한 시기가 되어서 남자를 자신의 동료로 생각하기 시작하면서 암컷을 찾고 있다고 말한다. 생명 속에 내재된 본능은 학습이 없어도 성장하면서 자연스레 발생하기 때문에 그 이끌림에 따라 행동한다.

조연급 중년 여배우가 몇 명의 동료들과 강원도에서 연예 프로그램으로 기획된 일을 하고 늦은 저녁을 먹으면서 회포를 풀고 있다. 그녀는 자고 가라는 동료들의 말에, 내일 아침에 아이가 찾을 것이니 집에 가야 한다고 말한다. 새벽에 그곳으로 오려고 준비하고 있으니까 아이가 일어나서 엄마 있는 곳은 어디든지 함께 가겠다고 말하는 모습이 너무 사랑스러워 생각지도 못한 말을 했다고 한다.

"너를 낳기 위해서 내가 태어난 것 같다."

말을 하고 나니까 뜻밖의 말이어서 스스로도 놀랐다고 한다. 그곳에서 자면 하루의 일정에 더 참여하여 자신에게 유익할 터인데, 그녀의 마음은 이미 아이를 향하고 있다.

대도시의 공원 밑에 있는 주택에서 새소리가 들린다. 작은 마당에 놓인 큰 새장 살에 직박구리 한 마리가 안으로 들어가려고 울부짖으며 매달려 있는 모습이 안타깝다. 집안에서 그 모습을 보고 있던 젊은이도 측은한 얼굴이다. 그의 이야기로는 계단 밑에 다쳐 있는 새를 수의사에게 데려가 사진을 찍어보니 날개뼈가 상하지 않아서 섭생을 잘해 주면 날 수 있다고 했다. 먹이를 주면서 관찰하던 중에 앞마당의 나무에 같은 새 한 마리가 매일 날아와서 울고 있었다. 전문가가 직박구리는 일 년간 한 쌍으로 살기 때문에 그 짝일 것이라고 했다. 새장을 마당으로 내어 놓으니 하루에도 몇 번씩 와서 저렇게 매달려서 애절하게 운다고 했다. 그런데 새장 속의 새는 아직 날개가 온전하지 못해서 풀어줄 수 없다고 했다. 의지하며 살아갈 짝이 옆에 있을 때에 큰 공원이 작게 생각되는 마법에 걸렸을 것이다.

봄물이 내려앉은 언덕에서 노인네가 쑥을 캐고 있다. 남편이 봄이면 도다리쑥국을 좋아해서 나왔다고 한다. 소복한 쑥 바구니를 들고 부엌으로 들어가 도다리쑥국을 끓여서 소반에 담아

툇마루로 가져다 놓더니, 마당에서 떨어져 내린 동백꽃 몇 송이를 낡은 소반 위에 놓는다. 남편은 십여 년 전에 세상을 떠났는데 꽃을 아주 좋아했던 사람이어서 자식들이 집에 올 때면 꽃바구니를 묘 앞에 놓아둔다고 했다. 일만 하다가 가버렸는데, 지금 살아있으면 아이들이 용돈도 많이 주고 편하게 살 텐데 하며 넋두리하는 모습이 애처롭게 보인다. 일생을 의지하며 살던 짝에 대한 그리움이 봄날의 꽃처럼 노인 얼굴에 피어올라 아름답다. 붉은 꽃송이가 흩어져 있는 작은 마당이 그녀에게는 넓기만 하다.

생각하니까 존재한다던 데카르트는 인간을 지나치게 이성적인 존재로 평가하게 만들면서 인간들이 본능이나 마음을 눈여겨보지 않게 했다. 인간의 삶은 한마디로 규정지을 수 없는 감성과 지성, 본능 등 수많은 요소들의 복합체여서 이성적인 통제를 벗어난 마음의 흐름이 행위로 나타날 때가 더 많다. 젊은 시절에 세상은 합리적으로 흘러간다고 생각했는데, 그것은 이상적으로 상상했던 모습에 불과하다는 생각이다. 인간은 여자나 남자로 태어나서 각기 다른 역할을 하면서 이미 만들어진 사회적 관습의 틀 속으로 자신을 집어넣으며 살아간다. 그러나 관습에 매여서 몸과 마음의 흐름을 억제하려면 많은 에너지의 소모로 불행해질 수 있다. 최소한의 규범 속에서 몸과 마음의 이끌림을 따라서 자연스럽게 사는 삶이 행복하지 않을지.

그러므로 인간은 존재하니까 생각한다.

(2021. 5월)

강물 연가

봄볕이 한창 무르익은 대지에 해가 맑은 빛을 쏟아내면, 강물은 둥글둥글한 물결 무늬로 햇살과 밀어를 나눈다. 그 달콤한 속삭임을 바람이 실어오면 강변에 줄지어 선 높고 낮은 건물에서 젊은이들은 거침없이 생애의 한 페이지를 쓰는 데 열중할 수 있다. 더 낮은 강변 풀밭에는 시간의 흐름에 아랑곳하지 않는 사람들이 흩어져 있다. 아기들이 유모차에 실려 가장 편안한 자세로 누워 잠자고, 어린아이들은 장난감을 가지고 놀고 있거나 풀밭 위를 달리고 있다. 삶의 현장에서 변두리로 빠져나온 노년들은 여생의 강녕을 위해서 운동을 하거나 걸어 다니며 젊은 시절의 기억을 되새긴다.

밤이 되면 강변에 등불들이 열을 지어 서서 강물의 가슴속으로 파고들어 별빛처럼 아련히 반짝인다. 그것은 마치 강물이 품고 있는 그리움을 달래려는 듯 쉬지 않고 소근대는 것 같다. 다리 위에는 은빛으로 비춰어진 탑 위의 등불은 누군가와 신호를 주고받는 듯 밤이 지새도록 끔벅거리면서 가끔 물속에 들어가서 수영도 하고 은밀하게 고기들을 유혹하는 것 같다.

안개로 뿌옇게 덮인 날에는 강물의 슬픈 연가를 듣는다. 먹구름으로 가려진 연인의 얼굴을 볼 수 없어서 활기를 잃고 텅 빈 가슴인 양 회색빛이 되어 흐릿한 윤곽만 보여준다. 바람이 조금만 건드려도 짜증을 내며 요동치기도 한다. 그러면서 앞길을 가려 놓고 내 모습을 짐작해 보라는 듯 시치미를 떼기도 한다. 아주 추운 날에는 얼어붙은 강물 위로 하얗게 눈이 덮여서 얼굴조차 사라져 버린다. 그러나 조용히 며칠만 기다리면 태양이 찾아와서 그 열기는 강물을 다독여 다시 반짝이는 모습을 볼 수 있게 한다. 그러나 천문학자들은 아주 전율할 만큼 무서운 이야기를 들려준다. "50억 년 후에 태양이 사라지고 지구도 사라집니다. 우리는 은하계의 아주 작은 별 중의 하나에서 사는 인간이지만 걱정하지 말고 태양 아래에서 숨쉬는 순간을 즐기십시오." 50억 년은 인간의 시간이 아니어서 "옛날, 옛날 아주 옛날에…."로 시작되는 전설처럼 오히려 낭만적인 느낌마저 든다.

태양빛에 따라 수시로 표정이 바뀌는 강물이 쉬지 않고 하는 일이 있다. 그것은 자신의 길을 위해서 도시를 둘로 갈라놓은 것을 사죄하는 듯 물줄기를 강변에 있는 생물에게 나누어 주어 생명을 이어가게 해 준다. 그것이 갈라놓은 두 땅에서 사는 사람의 모습이 아주 다르다. 한쪽은 강물을 바라보는 앞모습으로 앉아 있고, 다른 쪽은 토라진 듯 뒷모습으로 앉아서 서로 대면하지 않으려 하고 있다.

나는 뒷모습이 보이는 아파트에 살면서 창문으로 늘 강물을 눈여겨본다. 물은 일 초도 쉬지 않고 흘러가고 있지만 보이는 모습은 늘 청회색의 화폭처럼 변함없이 멈춰 있는 듯하다. 인간도 세상에 나와서 시간의 흐름에 실려서 살다가 흐름에서 탈락하여 각자의 시간은 멎지만 시간은 한시도 쉬지 않고 흐르기에 세상은 매일 그대로의 모습이다.

오늘은 맑은 하늘과 교류하며 강물이 푸르다. 서늘한 바람이 물을 쓰다듬으니 물결이 고기 비늘같이 일어서서 넘실거린다. 수천 리 흘러오면서 모여드는 작은 냇물을 소리 없이 품고 넓은 가슴이 되어 한국의 심장까지 들어왔다. 오백 년 왕조가 지속하는 동안에 세상을 좌지우지했던 권력자의 통치 능력으로 백성들은 평안한 시절을 보내기도 하고 고단하고 불안한 일상을 지내면서도 불평 한마디 뱉을 힘을 갖지 못했었다. 그들은 한밤중에 강가에 서서 강물 위로 불평을 쏟아놓고 말없이 받아서 흘러가는 강물에서 위로를 받았으리라.

지금도 앞길이 막막한 젊은이들이 도시의 불빛을 반사하고 있는 물결 위에 우울한 마음을 실려 보내며 홀로 감당하기 벅찬 짐을 잠시 벗어 강물에 헹구어 다시 어깨에 지고 삶의 현장으로 돌아가기도 한다. 헤일 수 없는 사람들이 짐작조차 하기 어려운 세월 동안 태어나서 각자 감당할 짐을 지고 살다가 사라지기를 반복하지만 삶의 흐름은 강물처럼 그침 없이 흘러서 이십일 세기가 되었다. 그 강물이 어디에서 멎을지 알 수 없지만, 인간의 창의력이 만들어낸 AI가 흐름을 집어삼킬 수도 있지 않을까 하는 끔찍한 생각도 가끔 하게 된다. 수천 년 동안 개발해온 신체의 기능들이 점점 AI에게 침식당하고 있는 지금, 우리는 그것이 따라할 수 없는 기능을 빨리 개발해야 할 절체절명의 위기에 놓여 있다는 생각이 가끔씩 머리를 휘저어 아찔해진다.

차가운 강물은 햇빛이 없으면 따뜻해지지 못하듯, 인간의 마음도 정情이 없으면 인간사가 차가운 거래로 이어지면서 사막 위의 길처럼 위로받지 못하고 목마른 일상으로 살아가다가 사라지게 될 것이다. 챗GPT와의 교류에서 그것은 입력된 정보를 새롭게 생성해서 답을 주지만 창의력으로 생산하는 댓글은 내놓지 못한다. 그래도 인간으로 대표되는 생명체들은 AI가 따라할 수 없는 정으로 소통할 수 있기 때문에 어쩌면 이것이 인간을 지킬 마지막 보루가 되지 않을까 하는 생각을 한다. 나는 강가에 나가서 가슴을 펴고 우쭐한 자세로 강물을 내려다보며 "나는 인간이다."라고 소리쳐 본다.

(2023. 10월)

퇴출기退出記

대문을 나서며 뒤돌아보지 않으려고 안간힘을 썼다. 그 안에 스러져버린 내 꿈이 얹힌 삶의 한 토막이 나를 바라보고 있기 때문이었다.

젊은 시절부터 내게는 마음속에 자연이 부르는 소리가 있는 듯 전원에서 살겠다는 꿈이 떠나지 않았다. 자연 속에는 인간사회에 소용돌이를 일으키는 갈등과 분열이 없는 평화로운 안식이 있을 것으로 기대했기 때문이리라. 그보나 더 출생 이전 먼 옛날 원향原鄕을 향한 그리움이었을지도 모른다. 그러다가 집성촌의 종가 터에 신축한 이 집을 보고 단박에 마음이 끌렸다. 이 마을은 산으로 둘러싸여서 뜰에 나가 어디를 보아도 산과 하늘로만 열려 있고 위쪽에 농수를 위해 만들어 놓은 호수까지 있어서 물을 좋아하는 나에게 최적의 장소였다. 그러나 천여 평이나 되는 넓은 터를 감당할 자신이 없어서 망설였으나 마음의 끌림을 따라 이곳에 들어와 11년을 살았다.

처음에 밤이면 가로등 하나 없는 마을에 꽉 차 있는 어둠에 몸서리를 치면서 익숙해지려고 애쓰는 동안에 내가 먼 타향에서 온 사람이라는 것을 어렴풋이 깨달았다. 그래도 발길이 많이 닿아 정이 들면, 나도 이곳의 일원으로 받아들여지리라는 믿음이 있어서 정원 공사를 시작했다. 그 때에 조경업자는 앞을 내다보고 나무 간격을 널찍하게 벌려 놓았던 듯하다. 그러나 그 성근 간격이 허전하여 계속 수형이 좋은 나무로 사이를 채웠고, 철에 따라 꽃이 쉬지 않고 피도록 꽃모종을 심어 나갔다. 그들의 생리를 터득하기 위해서 관찰하고 책을 읽는 데도 짬을 내었다. 이렇게 10여 년이 지나고 울타리 앞 둘레에 나무가 꽉 들어찼다. 철철이 찾아드는 새들의 노랫소리는 정신의 현을 울려주고, 미지의 곳으로 나를 데려가는 것 같았다. 어두운 밤에 뜰에 나와 어린 시절에 보았던 밤하늘에 가득한 별들의 반짝임을 보며 소소한 즐거움도 맛볼 수 있었다.

주말이 되면 손에 가위를 들고 뜰에서 대부분의 시간을 보내면서 '내가 드디어 이곳의 토박이가 되어간다.'고 생각했다. 일을 시작하기 전에 마당을 한 바퀴 돌며 나무에게 지어준 이름을 부르고 말을 걸면서 손볼 곳이 있는지 살폈다. 울안에 있는 것들은 식구이니, 그들의 성장과정도 다 기억할 수 있었다. 내가 하는 일은 웃자란 가지나 키워갈 가지에 방해가 되는 것을 잘라내면서 마당 전체가 통일된 조화를 이루도록 가꾸는 것이었다. 몇 년이 지나니 스스로 조경 전문가가 된 양 뿌듯했다.

어느 날 반송을 가지치기하고 있는데, '나를 왜 이렇게 못살게 해요?'라는 말이 바람결에 들리는 것 같았다. "너 예쁘게 해주려고 그래."라고 혼잣말처럼 대꾸했다. '나를 위해서요? 당신을 위해서요?' 마음속에서는 '물론 나를 위해서지.'라는 대답이 들어 있었지만 입 밖으로 나오지 않았다. 나는 얻어맞은 듯 손을 놓고 나무를 물끄러미 바라보았다. 가지들이 잘려나가 바람이 쉽게 드나들 수 있게 뚫린 공간이 입인 듯 보였다. 허리를 펴서 내 뜰을 둘러보았다. 그곳에는 컴퓨터 그래픽과 같은 인공 조형물들이 둘러서서 굳은 얼굴로 나를 바라보고 있었다. 균형을 맞추려고 배치했던 나무들의 높낮이가 부자연스럽고 나무들이 자라서 옆구리들이 옹색해 보였다. 그곳의 생태계에 사회적 갈등이 그대로 드러나 있었다. 십 년이나 공들인 곳이 내가 추구했던 자유로움이 아니고 비워버리고 싶은 내 마음처럼 닫힌 공간이 되어 버린 것이 놀라웠다. 태어나서 젖을 빨 때부터 자라온 내 소유욕은 무엇이든지 마음대로 할 수 있다는 오만함으로 변해서 자연을 마음대로 휘둘렀다는 생각이 들었다.

나는 가위를 땅 위에 던지고 산으로 올라갔다. 그곳에는 정돈되지 않은 듯 편하게 서있는 나무들이 무심히 나를 바라보고 있었다. 그것들은 위태롭게 키만 컸거나 옆으로 지저분하게 보이게 마음껏 가지를 벋은 나무들이 천년을 바라보며 커가고 있었다. 그들은 자신들이 떨어뜨린 나뭇잎과 햇빛, 맑은 공기로 살아가는 청빈한 생활을 하고 있었다. 바람과 눈비에 견디며 휘어지고 구부러진 사연이나, 큰 나무 밑에서 감질나게 비치는 햇빛을 받으려고 키를 키운 이야기를 온몸으로 보여주고 있었다.

풀이 죽어 다시 돌아오니, 잔디 사이에서 뽑아도 한시도 쉬지 않고 올라오는 풀들이 빠끔히 나를 올려다보고 있었다. 내 집에 있는 것은 모두 내 마음대로 할 수 있는데, 잔디밭을 침범한 염치없는 것들을 이겨보겠다고 힘겨루기를 했던 내가 참 어리석었다는 생각에 풀 위에 주저앉았다. 그 생명력은 배척받는 이곳에서 살아갈 수 있도록 신이 주신 특별한 선물일 것이다. 자연은 인간이 통제할 수 있는 것이 아니고, 순리에 따라 살아가야 자연답다는 것을 미처 생각하지 못했었다. 나는 오염되지 않은 자연을 찾아들어 왔으나 10년 동안 이곳을 오염시키고 있었음을 깨달은 순간이었다.

그들이 주인인 이 터에서 주인 행세를 하면서 그것들과 씨름하는 사이에 둘 다 지쳐 있었다. 그 후에 산으로 나들이를 하며 이름 모르는 나무나 풀들과 사귐을 계속했다. 자연은 마음을 비우고 동무로 나란히 서 있을 때에만 그의 속내를 보여준다는 것을 알았다. 마지막 일 년 동안 나는 무기력해져서 거의 뜰에 나가지 않았고, 이 집을 좋아하는 사람이 있어서 집을 넘기고 대문 앞을 떠났다.

그 후에 한 번도 그곳을 방문한 적이 없다. 그러나 지금도 가끔 무언가 다하지 못한 그리움으로 숲으로 찾아가고, 강가에서 내 욕망의 물줄기 옆으로 순리의 실개천이 함께 흘러가고 있는 것을 본다. 지금도 마음에서 떠나지 않는 자연의 손짓은 원향의 부름임을 깨닫게 된 것은 11년의 시간이 내게 준 소중한 선물이다.

(2015. 12월)

바람아! 바람아!

5월의 푸른 기운이 산을 덮고 있는데도 한기가 밀려왔다. 그 기는 맑은 정기로 머리에 스며들어 눈이 밝아진 듯 모든 것이 투명하게 보였다. 예리하게 각을 세운 산들이 호수를 기웃거리며 서 있는 모습은 한판의 전투를 끝낸 후에 쉬고 있는 전사와 같았다. 오래전에 중국의 영토로 편입되었지만 티베트인들은 이를 거부하고 족장 중심체제로 지내다가 지금은 관광지로 개발하려는 중국의 유화정책에 동조하여 적과 동거하고 있는 구채구九寨溝. 원주민들이 오래전부터 거친 환경에서 살면서 만물에 영혼이 있다는 믿음 때문에 나무 한 그루 함부로 다루지 않은 덕에 원시의 모습을 그대로 간직하고 있는 참 아름다운 곳이다. 오십여 년 전에야 이곳에서 일했던 벌목꾼들이 '신선이 사는 곳'이 있다는 말을 하면서 세상에 알려졌다.

삼천백 미터의 고지에서 내려오는 동안에 원주민들만 사는 아홉 개의 마을이 보였다. 마을 여기저기에 만국기처럼 색색의 천이 줄에 매여 바람에 나부끼고 있었는데, 그 천에 티베트 불경이 적혀 있다고 했다. 집 뒤쪽에는 화를 막는 구절이, 앞에는 복을 가져오는 구절이어서 부적과 같은 역할을 하고 있었다. 그 줄을 경반經絆이라고 했는데, 거기에 매인 천은 하늘을 상징하는 푸른색과 구름의 흰색, 숲의 녹색, 불의 빨강, 인간을 상징하는 노란색이어서 그들이 이해하는 우주의 중요한 요소가 무엇인지 알게 했다.

그곳에는 학교가 없어서 남자아이들은 사찰로 보내어져 공부한 후에, 일정 연령이 되면 하산하여 일반인으로 살거나 스님이 되는 것을 스스로 결정한다고 했다. 여자들은 배울 기회가 없었으니 모두 문맹이어서 경전을 읽을 수가 없었다. 이런 여자들은 경반을 바라보면서 바람이 한번 흔들고 지나갈 때마다 그 구절들을 읽었다고 셈하는 것이었다.

지나가는 여인들은 아주 순박해 보였는데, 그들에게 경반은 신과 교감하는 다리이리라. 그들이 이해할 수 없이 일어나는 일을 신의 섭리로 믿으며 평안을 얻을 수 있으리라. 경반을 바라보는 그들의 눈빛에서 "바람아! 바람아! 불어다오!" 하는 기원 같은 것이 보이는 것 같았다. 산바람이 거의 경반을 날려 보낼 듯 불고 있었기 때문에 그들은 마음속의 어두운 뭉치를 날려 보낼 수 있으리라.

인간은 미래에 대한 기대를 가지고 살지만 불안의 그림자가 곁들여 있기에 흔들리지 않는 힘에 의지하며 살고 싶어 한다. 하루가 지나고 잠자리에 들면 아쉬운 마음이 있지만 하루를 무사히 넘겼다는 안도감도 있다. 그리고 종교인이 아니라도 내일의 무사를 위해서 기도한다. 운명의 끈을 쥐고 있으리라고 짐작되는 절대자에 대한 경외심으로 불안한 미래에 도움을 달라고 비는 간절한 마음의 의식이다.

지금 급격히 변하고 있는 사회에서 산다는 것은 한 발 디디기가 조심스럽다. 아인슈타인의 3차원의 세계에서 시간이 첨가된 뉴턴의 우주인 4차원의 세계까지는 간신히 이해가 되는 우리에게 인공지능 컴퓨터인 알파고가 인간지능과 바둑 대전에서 불계패로 이겼다는 소식은 앞으로 다가올 초超차원의 세계에 대한 두려움으로 오싹해진다. 습관으로 살아가는 나 같은 사람에게 내일은 먹구름으로 덮인 시간이 될 것이니까. 그래서 내 아파트 앞 베란다에 경반을 달고 싶어진다. 내가 아는 언어가 아니고 신의 언어로 된 색색의 천이 바람에 날릴 때마다 신과 소통이 이루어져서 내게 안심하는 마음을 가져다주리라 믿고 싶다.

하늘색 천에는 '비바람이 불고 천둥번개가 치는 세상에서도 휘둘리지 않을 한결같은 마음이 되게 하소서'라고 적어 놓겠다. 푸른 하늘에서 받은 평화를 마음에 깊고 두껍게 간직하여 번개를 받아낼 피뢰침으로 삼을 것이다. 미세한 움직임을 알아채고 즉시 반응하면서 예민한 감성을 자랑스러워했던 젊은 시절의 순발력은 그때에 빛나던 가치였을 따름이다. 지금 내가 그렇게 나댄다면 혼란에 빠져서 휘청거리게 되리라는 것은 알 만큼 철이 들었으나 지금도 가끔 무의식중에 들썩이는 기운으로 괴로울 때가 있다. 나는 이제 어지러운 외부의 소용돌이가 나를 흔들어도 무심하게 내 안에 있는 가치 기준에 따라 동요 없이 살고 싶다.

초록색 천에는 '시멘트 틈새에 눌려 간신히 숨쉬는 한줌 흙에 풀씨가 날아들어 싹트게 하소서'라고 쓸 것이다. 시멘트로 빈틈없이 채워져 있고 하늘까지도 덮으려고 하는 도시의 독소를 제거할 수 있도록 풀의 초록빛 점들이 번져서 사람들의 마음까지 초록으로 물들인 것을 보고 싶다. 그래서 시멘트 블럭이 걷히고 곳곳에서 나무가 푸르러서 맑은 공기를 들이마시고 자연의 순리에 따라 사는 행복한 세상이 되기를 원한다. 그래야 인공지능이 인간을 지배하는 불상사가 일어나지 않게 될 터이니까.

빨강 천에는 '불꽃의 심지를 줄일 수 있는 따뜻한 사랑을 주세요.'라고 적고 싶다. 현대인들은 모두 정도의 차이는 있지만 분노조절장애를 가지고 산다. 축적된 분노가 세상 곳곳에서 폭발하는 시대에 길을 걷는 것조차 조심스럽고 낯모르는 사람과 어깨를 스치는 것이 두려운 세상이다. 그 중심에 재화財貨와 미움이 있어서 인간의 힘으로 누치는 것은 불가능하다. 그것은 세인들의 짓이라고 미루어 놓을 수 없는 것은 가끔 내 마음속에서도 꿈틀대는 열기가 뜻하지 않게 표출되지 않을지 두렵기 때문이다. 나도 모르게 화기가 솟아오를 때에 내 어깨를 눌러줄 순화된 사랑이 채워지기를 바란다.

노랑 천에는 '이웃과 조화로운 관계를 이루며 살게 하소서'라고 쓸 것이다. 어제까지 좋은 친구였지만 받아들이지 못할 한 사건 때문에, 심지어 말 한마디로 등을 돌리는 내 변덕에 스스로 놀라지만 그것이 내 마음의 흐름이므로 쉽사리 바뀌지 않아서 후회한 적이 여러 번 있었다. 스스로 정확히 알 수 없는 내 마음의 파동을 생체학자는 호르몬의 변화에서 올 수 있다고 하지만, 그 말에 기대어 봐도 마음이 편해지지는 않는다. 마음을 거스르는 잔물결에 휘둘리지 않고 의연하게 정情을 나누며 살 수 있는 이해심과 인내심이 도타워지기를 바란다.

마지막에 걸릴 흰색 천에는 '직관에 의한 창의력과 하얀 여백을 조금만 더 허락하소서.'라고 써야겠다. 시간에 의해서 여리어진 직관의 날이 벼리어져서 본질을 꿰뚫어 볼 수 있기를 바란다. 그래서 예술의 생명인 창의력의 색채로 글을 쓸 수 있는 여백을 조금만 더 사용할 수 있기를 바란다. 몇 십 년을 살아왔어도 내가 발견한 색채는 많지 않고, 더 찾을 수 있는 능력 또한 미미하다. 내가 찾아낸 색채로 쓴 글로 많은 사람들과 만나서 마음 깊이 소통하고 싶다.

나는 이렇게 내 마음을 담은 경반을 바람 잘 부는 베란다 난간에 걸어 놓을 것이다. 그리고 매일 아침에 일어나서 "바람아! 바람아! 불어다오!"를 외치며 마음이 신에게 전달되어 뜻이 이루어지기를 기도할 것이다. 이 외롭고 황막한 세상에서 내 마음을 전할 곳이 있다면 얼마나 큰 위로가 될 것인가.

(2016. 4월)

허리케인

차를 몰아 거리로 나선 나는 마치 지구 최후의 날에 볼 수 있을 것 같은 풍경에 어리둥절했다. 가로수가 배짱 좋게 차도를 가로질러 누워있었고, 나뭇잎들이 길 위를 굴러다니며 희죽거리는 듯했다. 필라델피아의 중심부를 관통하는 미국 최초의 1번국도가 조롱당하는 듯했다. 신호등은 꺼져있고, 도로는 텅 비어 내가 외계의 별에 갓 착륙하여 도시를 살피러 온 정탐꾼인 듯했다. 계속 앞으로 갈 것인가, 집으로 되돌아갈 것인가 잠시 망설이다가 계속 차를 몰았다. 호기심 때문이었다. 라디오를 켜니, 허리케인 소식이 급박하게 쏟아지고 있었다. 대서양에서 아틀란틱 시티로 상륙하여 서진하면서 금방 필라델피아를 통과하였다고 했다.

내가 일하는 세탁소의 상가단지가 삼일 전부터 태풍 때문에 어수선했다. 가구점 데비 엄마는 창문에 합판이나 가름대를 대지 않으면, 유리가 박살날 것이라고 했고, 그 건너 샐러드 가게의 존 아저씨는 유리창 보험에 가입했느냐는 생소한 소리도 했다. 1970년대에 한국에서는 보험이란 자동차보험이 전부였는데, 이곳은 보험이 세분화 되어 있어서 그런 보험도 있느냐고 물었다. 그는 미국은 보험이 삶의 기반이니 이곳에서 살아가려면 보험에 대해서 아는 것이 중요하다고 했다. 이곳에 와서 낯선 문화에 접하면서 당황했던 적이 많았는데, 새로운 상황이 생길 때면 낯선 대처법을 배우게 된다.

이렇게 초대형 허리케인의 상륙 소식은 온 도시를 들끓게 하면서 사람들이 바쁘게 움직였다. 당일 오전 열한 시경에 이곳을 통과하리라는 예측에 맞추어 상점 문은 열지 않고 모두 집에서 그것이 지나가기를 기다렸다. 아파트 창밖을 살펴보니 한 사람도 눈에 띄지 않아서 폐허처럼 적막감이 감돌았다.

나는 목조건물 삼층 아파트의 맨 위층에 살고 있었기 때문에 지붕이라도 날아가지 않을지 불안했다. 괜히 숨도 크게 쉬지 않고 무슨 기미가 있나 귀를 기울이고 있는데 창문이 흔들리기 시작했다. 불안과 호기심이 섞인 묘한 감정으로 그것이 다가오기를 기다렸다. 점점 창문이 심하게 흔들리기 시작하더니, 문틈에서 사납게 할퀴는 소리가 들려 공포심으로 몸을 숨길 곳을 찾아 침대 위로 올라가서 이불을 뒤집어썼다. 한 시간여의 야단법석이 지나고, 방안에 갑자기 정적이 감돌았다. 안도의 숨을 쉬며 유리 창문들을 살피니 다행히 눈에 띄는 파괴가 없었다. 일단 안심이 되어 거리로 나왔던 것이었다.

일터와 학교를 오가며 살아가던 나는 하루의 시간을 세밀하게 계획해 놓고 살고 있었다. 그런데 갑자기 끼어들어 온 태풍으로 순식간에 질서가 교란되어 긴장상태였다. 그래도 가게의 안위가 궁금하여 차를 몰고 나온 것이다. 다행히 세탁소는 아무런 손상을 받지 않고 얌전히 나를 기다리고 있었다. 태풍은 지붕 위의 공중에서 요동치며 스쳐간 것 같았다.

나는 옆 가게를 기웃거리며 데비 엄마가 나왔는지 살폈다. 그녀는 나를 보더니 들어오라고 손짓한다. 서로 안부를 묻고 가게나 집이 무사한 것이 다행이어서 함께 차를 마시면서 마음을 진정시켰다. 위기에 옆에서 염려해줄 이웃이 있는 것이 든든했다. 조금 있으니 사람들이 모여들었고, 가게 앞을 치우면서 인사를 나누었다. 미국사람들은 평소에 다른 사람 일에 무관심한 듯해도 어려운 일이 생기면 작은 도움이라도 나누려고 하는 모습을 보면, 교회는 비었어도 기독교 정신이 몸에 배어있다는 생각을 했다.

여름이면 갑자기 찾아와서 일상을 휘젓는 허리케인은 응축된 힘이 폭발하여 이동하면서 일으키는 에너지 작용이다. 그것이 지나가면 작은 나뭇가지들은 상처받거나 뿌리가 약한 것들은 뽑히기도 하지만 나무들은 그 흔들림을 이기기 위해서 더 깊게 뿌리를 뻗고, 기둥도 더 튼튼해진다. 사람들도 집과 그 주변을 점검하면서 약한 부분을 보강한다.

인간의 삶은 통시적이어서 현재의 시간은 뒤에 있는 과거를 받침으로 내일을 준비하면서 살기 때문에 아침마다 예측이 가능한 시간을 맞이하여 편안하게 하루를 시작한다. 그러나 태풍처럼 갑자기 엄습해 오는 돌발사건은 익숙한 시간을 휘저어 삶의 질서를 흩뜨려 놓아 어찌할 바를 모르게 한다. 인간이 다가올 시간을 예측하고 그것에 따른 방책을 세우면서 마음 편하게 살고 싶어 하는 것은 어리석은 생각인지도 모르겠다. 지난 시간을 뒤돌아보면 뜻밖에 맞닥뜨린 지뢰밭 때문에 절망감으로 신음한 적도 있었다. 반면에 예기치 못했던 좋은 인연으로 쉽게 어려움을 이길 힘을 얻기도 했었다.

그러나 지금 생각하면 갑자기 찾아온 행복과 불행감을 주었던 일들이 도전정신을 북돋우어 생기 있는 삶을 살게 했던 것 같다. 더욱이 산만하게 흩어진 호기심과 열정을 응집시켜 한 가지 일에 쏟아 부으면 태풍처럼 낯설지만 창조적인 결과물이 나올 수도 있기 때문에 이런 시도들이 인간정신의 진화를 가져온 것 같다. 인간에게 위기는 삶의 활력소가 되고, 그것을 극복했을 때에 한 단계 상승하는 자신감을 얻게 된다. 자신의 숨겨진 힘을 믿고 두려움 없이 도전하는 것은 인간만이 누릴 수 있는 위대한 정신이다.

(2016. 가을)

늦가을 아침의 단상斷想

잠에서 깨어 창문으로 들어온 햇살 한줌을 손으로 만지작거리다가 내 앞에 열린 하루가 고마워서 빠르게 일어난다. 이렇게 하루하루의 담을 넘어 가을에 이르렀다. 지금은 무심히 흘러가는 시간에 붙어있던 내 생명 꼬리에 떨켜가 생기는 것이 느껴져서 한 가지 일에 매였다가 놓여나면 깔끔하게 뒤끝을 마무리하는 습관이 생기기 시작했다. 그리고는 내가 담긴 틀의 퇴로로 생명이 흘러 나가는 것이 자주 의식되어, 겨울을 향해서 무심히 걸어가리라 다짐한다.

희망의 초록빛이 사라진 지금, 그동안 나를 여기까지 오게 한 것이 무엇일까 생각하게 된다. 종교적으로 죄악의 뿌리로 간주되는 욕망, 생명의 뿌리에서 나를 조종해 온 불가항력적인 힘, 통제하기 어려운 본능적인 욕구와 강약을 조절하려고 애써온 자아성취 욕구, 그러나 정면으로 대면한 적이 없는 것이었다. 꿈틀대는 욕망을 부정不淨한 것으로 치부하며 의식 안으로 떠오르는 것을 거부했었지. 그러나 그것 없이 살 수 있는 사람이 있을까 생각하니, 내가 정직하게 그것과 대면하지 않고 살았다는 생각이 든다.

무의식에 도사린 욕망을 실현시키기 위해서 도전하는 것이 내 삶이 아니었을까? 그때에 이해관계가 충돌하는 인간관계의 불협화음을 조절하면서 균형을 잃지 않는 인품을 지니려고 노력했었지. 자존감을 잃지 않으려는 마지막 경계에서 필사적이었던 것 같다. 그런 모습이 안정되면 보람 있게 살고 있다는 만족감을 맛보기도 했지만, 다른 차원의 길을 찾아야 한다는 불안감으로 나를 벼리면서 여기까지 왔다.

그렇게 앞날을 계획하고 꿈꾸면서 좋은 결과를 얻기 위해서 쏟았던 열정의 현장에는 관계의 얽힘에서 생기는 사랑과 증오로 마음이 평온하지 못했지. 이룩하고 싶은 꿈이 사라지고 나니, 지난시절에 맺은 관계에 좋은 사람에서 싫은 사람까지의 서열이 있음이 보인다. 그들 덕에 내가 삶의 의지를 잃지 않고 살아왔다는 생각을 하며 고마운 마음이 든다. 지금도 그리운 얼굴이 있으니, 그래도 사랑하며 살았다는 생각에 마음에 온기가 돈다. 내 욕심 때문에 과도하게 상처를 준 사람들에게 지금이라도 용서를 빌어야 하지 않을까 하는 생각도 든다.

마침 망망한 공간에 빗물이 떨어진다. 나는 마음을 열고 세월에 눌려 한 덩어리로 뭉쳐있는 오렌지색 미움과 회색 실패失敗를 한줌씩 골라서 빗물에 흘려보낸다. 그리하고 나니, 그 자리에 다소 평온이 스며드는 것을 느낀다. 드라마를 볼 때에도 말 한마디가 내 마음 음습한 곳으로 들어와서 잠겨 있던 기억을 열어젖힐 때도 있다. 그때에는 혼미해져서 그것을 접어 제자리에 넣으려다가 맥이 빠져버리기도 했다. 이런 실랑이들을 통해서 혼탁한 찌꺼기들이 점차로 분해되어 흐릿해지고 지금은 마음이 훨씬 가벼워져서 편안하다. 인간은 욕심 없이 살 수 없고 욕심은 이기적인 것이기 때문에 타인과의 갈등은 필수적이다. 이렇게 내 욕망으로 비합리적인 일들을 했던 마음을 정화시키며 지금은 나를 위로하는 시간이 되었다.

라깡은 인간의 욕망이란 사회적 표식과 상징적 기호를 더 많이 획득하는 것에 집중된다고 했다. 욕망에 대해서 이보다 명확한 정의는 없을 듯싶다. 사회적 표식은 눈에 보이는 확실한 사회적 위상으로 인간의 능력에 따라 얻어지는 자리여서 그것으로 성공과 실패가 가늠된다. 상징적 기호는 사회적 위치에 맞게 처신해온 인품이 그가 대우 받는 척도가 되기 때문에, 이 두 가지가 사회적 표상表象으로 환치되기 때문에 그가 살아온 삶의 스펙이 되어 그 자신과 동일시된다. 그래서 인간은 잠재력을 개발하여 사회적으로 인정받는 자리에 올라야 하고, 관계를 맺은 사람들에 대한 이해와 배려로 사랑을 주고받으면서 살아야 벽에 부딪치는 상황에서도 서로의 도움으로 좌절하지 않고 일상을 영위할 수 있다.

그래서 인간은 실수와 실패의 사다리를 타고 올라서 끝내 사회가 인정하는 자리에 이르러야 한다. 좌절하면 사회에서 상징적 기호도 획득할 수 없어서 무능한 인간으로 추락하고 주변이 허전해진다. 그래서 봄·여름 동안에 나는 좌표를 업그레이드시키기 위해서 기력을 쏟으면서, 다가오는 미래의 땅에 머리에 저장된 욕망의 표식을 한 개씩 심어가며 하루하루를 생기 있게 살아보려고 애썼다.

이제 욕망이 퇴화된 늦가을이 되니, 머리가 텅 빈 듯이 아침마다 의미 있는 작은 일이라도 있을지 탐색한다. 젊은 시절에는 마음속에 몸이 있기 때문에 해야 할 일을 생각할 필요 없이 무의식중에 몸이 자동으로 움직여져서 피곤하여 쓰러질 지경이 되도록 몸에 대한 배려 없이 일에 열중하며 열심히 살고 있다고 자만했었지. 지금은 몸이 먼저 움직이고 마음이 따라가는 도치된 생활에 깜짝 놀란다. 그래서 타인의 모습을 보는 듯 낯설어지기도 한다. 더욱이 이제는 몸이 점점 비대해져서 마음을 삼킬 수 있겠다고 생각하며 느리게 살기 위해서 애쓴다. 젊은 시절에는 바쁜 일이 있어서 급하게 걸어가다가 붉은 신호등에 막히면 기다리는 시간을 참지 못하고 전후좌우를 살피며 무리하게 길을 건너곤 했는데, 지금은 급한 숨을 돌릴 시간이 되었다는 안도감으로 숨을 고르고 파란 신호등이 된 후에 느긋하게 길을 건넌다.

마음에 자리하고 있는 원칙이 '순리'가 되어서 '무리'를 피하게 된다. 새 일을 시작할 때면 몸에게 먼저 내게 감당할 힘을 줄 것인지 눈짓을 보내며 허락을 청한다. 그것이 잠잠하면 내려놓고 먼산바라기로 소일한다. 간혹 미소를 지으면, 힘껏 일에 집중하여 성과를 얻으면서 오랜만에 마음이 차오름을 느끼기도 한다. 그래서 매일 몸을 깨우기 위해서 부지런히 나무 밑을 오가며 온몸을 단련한다. 그렇게 하고 나야 마음이 안정되는 것을 느낀다. 또한 일생 동안 내 활화산같이 투쟁적이었던 정신을 담아서 건강하게 살게 해 준 몸에게 고마움을 전하며 여생도 부탁해 본다.

(2023. 10월)

VI.

번역수필

사흘만 볼 수 있다면

– 헬렌 켈러/오순자 역

사흘만 볼 수 있다면
(Three Days to See)

헬렌 켈러/ 오순자 역

우리는 영웅들이 한정된 시간 동안만 살아야 한다는 이야기를 즐기면서 읽습니다. 그 시간은 하루이거나 일 년일 수도 있습니다. 불우한 그가 마지막 시간을 보내기 위해서 무엇을 선택할지 궁금합니다. 물론 나는 행동반경이 엄격하게 제한된 유죄판결을 받은 죄인들을 말하는 것이 아니고, 선택할 자유가 있는 사람에 대해 이야기하는 것입니다.

그 이야기는 우리가 비슷한 조건에서 무엇을 할 것인가를 생각하게 합니다. 유한한 존재로서 우리는 어떤 사건이나 경험 또는 관계를 맺을 수 있을지와 같은 여러 경우를 생각합니다. 과거를 회상하며 행복한 순간이나 후회했던 일을 찾아내야만 할까요?

때때로 나는 내일 죽을 것처럼 매일을 살 수 있는 우수한 규범이 있을지 생각합니다. 그러한 태도는 삶의 가치를 철저하게 강조할 것입니다. 다가올 매년, 월, 일의 연속되는 파노라마가 펼쳐져 있을 때에, 반드시 부드러움과 생기, 감사하는 마음으로 매일 살아야 합니다. 물론, 쾌락주의자들의 모토인, '먹고, 마시고, 결혼하자'를 실천하는 사람들도 있지만, 대부분의 사람들은 확실하게 다가오는 죽음에 의해 단련될 것입니다.

이야기에서 불운한 영웅은 마지막 순간에 뜻하지 않은 행운에 의해 구출되면, 거의 그의 가치관이 변합니다. 그는 삶의 의미와 영원한 정신적인 가치에 더 감사하게 됩니다. 죽음의 그늘에서 살아온 사람들은 그들이 하는 모든 일에서 원숙한 아름다움을 느끼게 하기 때문에 주목을 받습니다.

그러나 우리들 대부분은 삶을 당연한 것으로 여깁니다. 언젠가 우리가 죽을 것이라는 것을 알지만, 먼 미래에 있는 것으로 생각합니다. 건강할 때에 죽음은 상상할 수조차 없습니다. 살아야 할 날이 끝없이 펼쳐져 있기 때문입니다. 그래서 사소한 일들에 매달리며 삶을 향한 무관심한 태도를 깨닫지 못합니다.

같은 종류의 무관심이 우리의 감각과 재능을 활용하지 못하게 합니다. 청각장애를 가진 사람만이 듣는 것에 감사하고, 맹인만이 눈으로 보는 다양한 축복을 깨닫습니다. 특히 이것은 성인이 되어서 두 감각을 잃은 사람들에게서 관찰됩니다. 그러나 두 가지 감각을 잃어보지 않은 사람들은 이 축복된 능력을 거의 완전하게 사용하지 않습니다. 그들의 눈과 귀를 집중해서 사용하지 않고, 보고 듣는 것에 감사하지 않습니다. 우리가 잃어버리고 나서야 가진 것에 감사하고, 아프고 나서야 건강을 아는 옛이야기들과 같습니다.

나는 때때로 사람이 청년기에 이삼일 동안 앞이 보이지 않고 귀가 들리지 않는 일이 생긴다면 축복이 되리라고 생각해 왔습니다. 어둠 속에서 지내보면 그가 시각을 가졌다는 것을 감사히 생각할 것이고, 무음無音의 상태는 그에게 소리의 즐거움을 가르칠 것입니다.

종종 나는 시각을 가진 친구들이 세상에서 무엇을 보았는지 물어봅니다. 최근에 숲속을 오랫동안 산책하고 돌아온 친구에게 무엇을 발견했는지 물어 보았더니, 그녀는 "특별한 것은 없어!"라고 대답했습니다. 그러한 반응에 익숙하지 않았다면, 믿을 수 없었을 것입니다. 그러나 나는 오래전에 눈으로 보는 것이 많지 않다는 것을 확신하게 되었습니다.

어떻게 그럴 수 있단 말입니까. 나는 숲속을 한 시간 걷고 나서 눈에 띄는 것이 아무것도 없었는지 스스로 물어봅니다. 볼 수 없는 내가 촉감만으로 흥미를 주는 수백 가지를 발견할 수 있는데. 대칭으로 배열된 섬세한 나뭇잎이나 은빛 자작나무의 매끄러운 껍질과 소나무의 거칠고 우둘투둘한 껍질을 내 손으로 만지면서 즐기는데. 봄이면, 자연이 겨울잠에서 깨어나는 첫 표식인 움트는 새싹을 만질 수 있을까 하는 희망을 가지고 나뭇가지들을 만지는데. 꽃의 부드러운 조직이나, 놀랍게도 여러 꽃잎들이 포개어지며 만들어낸 꽃송이의 굴곡을 느끼는 것은 자연이 기적을 나에게 보여주는 것 같은 즐거움입니다. 이따금 운이 좋으면, 작은 나무에 부드럽게 손을 놓고 노래하고 있는 새의 행복한 전율을 느낍니다. 시내의 차가운 물이 벌린 손가락 사이로 힘차게 빠져나가는 것을 즐깁니다. 두툼한 솔잎 양탄자나 푹신한 풀잎 깔개는 가장 호화로운 페르시아의 그것보다 더 좋습니다. 각 계절의 행렬은 끝나지 않는 감격스러운 연극이며, 내 손가락 사이로 흘러가는 연기演技입니다.

언제나 내 마음은 이 모든 것들을 보고 싶다는 갈망으로 울부짖습니다. 그저 만지는 것으로 이만큼의 기쁨을 얻을 수 있는데, 시각으로 본다면 얼마나 더 아름답겠습니까? 그러나 눈으로 볼 수 있는 사람들은 분명히 거의 의식하지 않고 볼 것입니다. 세상에 가득한 색채와 움직임의 파노라마가 당연한 것으로 여깁니다. 아마 가진 것은 감사하게 여기지 않고 갖지 않은 것만 바라는 것이 인간일 것입니다. 그러나 빛의 세상에서 시각視覺의 선물이 삶에 충만함을 더하는 방편으로 쓰이기보다 그저 편리함으로만 사용된다는 것은 대단히 유감스럽습니다.

만일 내가 대학교의 총장이라면, '눈을 사용하는 방법'이라는 필수과목을 개설할 것입니다. 교수는 학생들이 이전에 주목하지 않고 지나친 것들을 주의 깊게 봄으로써 생활에 기쁨을 더

하는 방법을 가르칠 것입니다. 아직 계발되지 않고 잠재된 능력을 깨우도록 노력할 것입니다.

II

만일 사흘만 눈을 사용할 수 있다면, 가장 보고 싶은 것이 무엇인지에 대해서는 내가 아마 가장 잘 설명할 수 있을 것입니다. 그리고 내가 상상하는 동안에, 여러분도 사흘만 더 본다면 눈을 사용하고 싶은 방안에 대해서 궁리해 보세요. 만일 사흘째 저녁이 다가와서 태양이 다시는 당신을 위해서 뜨지 않는다는 것을 안다면, 당신은 그 귀중한 사흘을 어떻게 보내시겠습니까? 무엇을 가장 보기를 원하십니까?

나는 당연히 암흑의 시기에 나에게 소중했던 것들이 가장 보고 싶겠지요. 여러분 역시 소중했던 것들을 오랫동안 보고 싶겠지요. 그래서 어둠 속에서 당신이 어렴풋하게라도 보게 될 그들의 모습을 간직하기 위해서요.

기적에 의해서 만일 내가 사흘만 볼 수 있다면, 그 기간을 삼등분할 것입니다. 첫날에, 지속적인 인연으로 친절하게 내 삶을 가치 있게 만들어준 사람들을 만나고 싶습니다. 맨 처음 나는 사랑하는 앤 설리번 메이시 선생님의 얼굴을 오랫동안 들여다보고 싶습니다. 어릴 때에 그녀는 나에게 바깥세상을 열어주신 분이십니다. 단지 그녀 얼굴의 겉모습만 보려는 것이 아니고 내 기억 속에 그 모습을 소중히 품기 위해서입니다. 그녀가 나를 가르치는 어려운 일을 감당했던 정겨운 부드러움과 인내심의 살아있는 증거를 그 속에서 찾아내기 위해서입니다. 그녀가 어려움에 직면하여 굳건히 맞설 수 있었던 인격의 힘과 나에게 자주 보여주었던 모든 인간에 대한 깊은 동정심을 그 눈 속에서 보고 싶습니다.

나는 "영혼의 창문"인 눈을 통해서 친구의 마음을 들여다볼 수는 없습니다. 손가락으로 얼굴의 윤곽을 감지할 수만 있습니다. 웃음과 슬픔, 그 외에 많은 다른 명백한 정서는 알아낼 수 있습니다. 얼굴을 만지는 것으로 내 친구들을 알 수 있습니다. 그러나 만짐으로 그들의 인품은 절대로 그려낼 수 없습니다. 물론 그들이 내게 표현하는 생각이나 행동들을 통해서 인품을 압니다. 그러나 다양하게 나타나는 생각과 상황에 대한 반응을 지켜보고, 잠시 스쳐가는 눈의 반응과 표정을 주목하며, 그들의 눈에서 그들을 더 깊이 이해할 수 있는 것이 나에게는 허락되지 않는다고 확신합니다.

나는 내 주변에 있는 친구들을 잘 압니다. 그들은 오랫동안 여러 면을 내게 보여주었으니까요. 그러나 허물없는 친구들에 대해서도 손으로 만져서 얻는 인상이나 내 손끝을 그들의 입술에 놓아서 또는 그들이 내 손바닥을 두드려서 하는 말을 알아듣는 것 같은 불완전한 인상만을 가지고 있습니다.

근육의 떨림이나 손짓 같은 섬세한 표현을 지켜보면서 다른 사람의 본질적인 가치를 빠르게 포착할 수 있다는 것이 여러분에게는 얼마나 쉽고, 얼마나 더 만족스러운지요. 그러나 친구나 아는 이들의 내면의 본성을 보려고 지금까지 당신의 시각을 사용해 본 적이 있으신가요? 여러분 대부분은 얼굴의 외양을 별 생각 없이 보고 그대로 지나치시지는 않는지요?

예를 들면, 여러분은 친한 친구 다섯 명의 얼굴을 정확하게 묘사할 수 있나요? 몇은 그렇게 할 수 있지만 대다수는 할 수 없습니다. 한 가지 실험으로, 나는 남편들에게 부인의 눈 색깔이 무엇인지 물었는데, 종종 헷갈리거나 모른다고 인정하기도 했습니다. 그리고 또한 남편이 새 옷이나 모자, 가구의 새로운 배치를 눈여겨보지 않는 것이 부인들의 고질적인 불평입니다.

사람들을 보는 눈은 곧 판에 박힌 일로 익숙하게 됩니다. 그래서 그들은 실제로 놀랍거나 특별한 것만 봅니다. 그래서 가장 현란한 구경거리조차 시큰둥합니다. 재판 기록은 매일 증인들이 얼마나 불분명하게 보는지를 보여줍니다. 재판에 회부된 한 사건에서 많은 증인들은 서로 다르게 증언합니다. 어떤 이는 다른 이보다 더 많이 보지만 그들의 시계視界 안에 있는 것을 거의 보지 못하는 이도 있습니다.

아! 나는 사흘만 볼 수 있다면 보고 싶은 것을 말해야지요!

첫날은 아주 바쁠 것입니다. 아끼는 친구들을 전부 불러 그들 내면에 있는 아름다움의 외형적 증거를 마음속에 새기기 위해서, 그 얼굴을 오랫동안 볼 것입니다. 아기의 얼굴도 볼 것인데, 성장해 감에 따라서 그들이 맞닥뜨릴 갈등을 겪기 전의 순수한 아름다움과 티 없는 열정을 볼 수 있을 테니까요.

나는 내 개들의 충성스럽고 신뢰로 가득 찬 눈을 보고 싶습니다. 침착하면서도 영리한 작은 스카티 종種인 다키와 건장하고 이해심이 많은 덴마크종인 헬가인데, 그것들의 따뜻하고 유순하며 장난을 좋아하는 우정은 나에게 큰 위로가 되었습니다.

바쁠 첫날에 나는 집안에 있는 작은 것들을 봐야 합니다. 내 발밑에 있는 따뜻한 색깔의 깔개와 벽에 걸린 그림들, 집을 가정으로 바꾸어주는 손에 익은 작은 물건들을 보고 싶습니다. 내 눈은 내가 읽은 점자책들에 존경스럽게 머물 것입니다. 그러나 눈이 보이는 사람들이 읽을 수 있는 인쇄본에 더 흥미가 있을 것입니다. 내 생애의 오랜 암흑기에 내가 읽었던 책들은 인간의 삶과 영혼의 가장 깊숙한 곳까지 통로를 열어준 대단히 밝은 등대가 되어 왔습니다.

첫날 오후에, 숲속으로 산책하며 자연계의 아름다움에 내 눈을 떼지 못할 것입니다. 볼 수 있는 사람들에게 끝없이 펼쳐 보이는 방대한 광경을 몇 시간에 흡수해야 하니까요. 집으로 돌아오는 길에 농가에 들러서 묵묵히 밭을 가는 말(트랙터만 볼 수도 있겠지만)과 흙과 가까이 사는 사람의 평온한 만족감을 볼 수도 있을 것입니다. 그리고 찬란한 석양의 아름다움을 볼 수 있게 해달라고 기도할 것입니다.

땅거미가 내리면, 인공의 빛으로 볼 수 있는 또 하나의 기쁨을 누릴 것입니다. 자연이 어둠을 선포할 때에 천재가 시각의 힘을 더 사용할 수 있도록 창조해 놓은 것이지요. 눈으로 볼 수 있는 첫날밤에 그날의 기억들이 마음에 가득차서 잠을 잘 수 없을 것입니다.

III

볼 수 있는 둘째 날에, 꼭두새벽에 일어나서 밤이 낮으로 바뀌는 스릴 넘치는 기적을 볼 것입니다. 태양이 잠든 지구를 깨우는 장엄한 빛의 파노라마를 경외심을 가지고 볼 것입니다.

이날, 나는 세계의 과거와 현재를 서둘러서 훑어볼 것입니다. 시대의 만화경인 인간 진화의 흔적을 보고 싶습니다. 하루 동안에 얼마큼이나 압축해서 볼 수 있을까요? 물론 종종 뉴욕 자연사 박물관을 방문하여 전시물들을 손으로 만지기는 했습니다. 그러나 지구의 요약된 역사와 전시물들을 눈으로 보기를 오랫동안 소망해 왔습니다. 원래의 환경 속에 있는 동물과 다양한 인종들, 동물왕국을 정복할 작은 몸체와 강력한 두뇌를 가진 인간이 출현하기 전까지 오랫동안 지구를 돌아다녔던 공룡과 마스토돈의 거대한 뼈들, 동물과 인간, 인간이 이 행성에 안전한 터를 만드는데 사용된 도구들의 발전 과정을 보여주는 실제 전시물과 자연사의 천 가지가 넘는 증거물들입니다.

나는 이 글을 읽는 독자들 중에 몇 명이나 이 박물관에 나열된 살았던 것들의 면모를 감동적으로 보았는지 궁금합니다. 물론 많은 이들은 기회가 없었을 수 있습니다. 그러나 확신하건데 기회가 있었던 많은 사람도 가지 않았을 것입니다. 여러분의 눈을 정말로 사용해야 할 한 곳입니다. 볼 수 있는 당신이 많은 의미 있는 날들을 보낼 수 있는 곳입니다. 그러나 상상 속에서 사흘만 볼 수 있는 나는 서둘러 보면서 지나칠 수밖에 없습니다.

다음에 갈 곳은 인간 영혼의 수많은 모습들을 보여줄 메트로폴리탄 예술 박물관입니다. 인류사 전반에 걸쳐 예술적 표현 욕구는 음식이나 쉼터, 생식에 대한 욕구만큼 강한 것이었습니다. 그 박물관의 넓은 전시실에 이집트나 그리스, 로마인들의 예술을 통해 표현된 정신들이 펼쳐져 있을 것입니다. 나는 고대 나일강의 신과 여신들의 조각을 손으로 만져서 잘 알고 있습니다. 파르테논 신전의 모조품이나 무장한 아테네 병사들도 만져 보았습니다. 아폴로, 비너스, 사모스레이스의 날개 달린 승리의 신은 내 손가락의 친구들입니다. 호머도 역시 앞을 보지 못했기 때문에 그의 우락부락하고 수염이 많은 얼굴은 내게 친근합니다.

나는 근대의 것만큼이나 로마의 대리석 조각을 어루만져 왔습니다. 미켈란젤로가 만든 영웅 모세의 감동적인 석고상, 로댕의 작품도 만진 적이 있습니다. 고딕시대의 정령이 깃든 것 같은 나무 조각상에 경외심을 느꼈습니다. 이 작품들은 만지는 것으로도 의미가 느껴졌지만 눈으로 본다면 더 큰 감동이 있을 것입니다. 내가 보지 못한 아름다움은 짐작만 할 따름이니까요. 그저 그리스 항아리의 선을 만지면서 감탄하지만 그 위에 그려진 그림들을 볼 수는 없습니다.

나의 이튿날은 이렇게 예술을 통해서 인간의 영혼을 탐사하게 될 것입니다. 손으로 만졌던 것들을 지금은 볼 수 있습니다. 열정적 상상력을 가진 이태리의 초기 소박한 화가들에서부터 종교화, 현대화에 이르기까지 그림의 장엄하고 화려한 세계가 내 앞에 펼쳐질 것입니다. 라파엘과 레오나르도 다빈치, 티치아노, 렘브란트의 화폭에 열중할 것입니다. 베로네스의 온화한 색깔로 내 눈을 즐겁게 하고, 엘 그레코의 신비함을 연구하고, 코로에게서 자연에 대해 새로운 눈을 뜨게 될 것입니다. 아, 볼 수 있는 당신들은 여러 세기에 걸친 예술의 다양한 의미와 아름다움을 느낄 수 있지 않나요?

예술의 전당을 잠시 방문한 것으로 여러분에게는 열려있는 위대한 예술세계에 대해서 무엇을 말할 수 있겠습니까. 나는 그저 피상적인 인상만을 알 수 있으니까요. 예술가들은 안목을 기른 후에야 예술작품의 진정한 깊이를 알 수 있다고 말합니다. 사람들은 선과 구성, 형태, 색깔의 예술성을 깨닫기 위해서 경험을 통해서 배워야 합니다. 볼 수 있다면, 나는 얼마나 행복하게 그 연구에 몰두했을는지요! 그러나 많은 볼 수 있는 사람들이 예술의 세계에 대해서 알려고 하지 않고 계발하지 않는다는 말을 들었습니다.

나는 메트로폴리탄 박물관을 떠나기가 참 싫을 것입니다. 그곳은 무관심으로 방치된 아름다움에 대한 열쇠를 지니고 있는 곳이기 때문입니다. 그러나 볼 수 있는 사람들은 아름다움을 알기 위한 열쇠를 찾기 위해서 그곳에 갈 필요는 없습니다. 그 열쇠는 더 작은 박물관이나 작은 도서관의 서가에도 있을 테니까요. 그러나 당연히 상상 속에서 한정된 시간만 볼 수 있는 나는 가장 짧은 시간에 가장 위대한 보물을 찾을 열쇠가 있는 곳을 선택해야만 합니다.

둘째 날 저녁에 나는 극장이나 영화관에서 시간을 보낼 것입니다. 지금도 가끔 나는 모든 종류의 연극을 보러 가지만 연극 속의 연기는 동반자가 내 손바닥 위에 적어 주어야 합니다. 그러나 햄릿의 매혹적인 모습이나 엘리자베스 시대의 화려한 의상을 입은 익살스러운 폴스타프를 내 눈으로 얼마나 보고 싶은지요! 얼마나 햄릿의 기품 있는 행동과 열정적인 폴스타프의 활달한 몸짓을 눈으로 보고 싶은지요! 보고 싶은 수십 개의 연극이 있는데도 단 한 편만 보아야 하는 처지 때문에 대단한 갈등을 겪을 것입니다. 여러분은 어느 것이라도 볼 수 있지만, 연극이나 영화, 놀랄 만한 광경을 볼 때에 당신들 중에 얼마나 많은 사람들이 색채나 우아함, 움직임을 즐길 수 있는 시각이라는 기적을 가진 것에 대해서 깨닫고 감사하는지 궁금합니다.

나는 손으로 만지는 것으로 제한된 범위 외에 리듬이 있는 움직임의 아름다움을 즐길 수 없습니다. 마루에서 울림이 느껴지는 음악의 박자를 감지할 수 있기 때문에 리듬의 즐거움을 알지만, 파브로와의 우아함을 어렴풋이 상상할 따름입니다. 운율적인 움직임이 세상에서 가장 즐거운 모습이라는 것은 충분히 상상할 수 있습니다. 대리석 조각품의 선을 손가락으로 따라가면서 이 점을 알 수 있었습니다. 이런 정지된 우아함이 이렇게 사랑스러울진대, 율동의 우아함을 보는 스릴이 훨씬 더 확실할 것입니다.

내가 가장 소중하게 생각하는 추억은 조셉 제퍼슨이 가장 좋아하는 립 반 윙클의 몸짓이나 대사를 할 때에 그의 얼굴과 손을 내가 만질 수 있도록 허락했을 때입니다. 나는 드라마를 희미하게나마 알 수 있었고, 그 순간의 즐거움을 결코 잊을 수 없습니다. 그러나 아! 나는 볼 수 있는 여러분이 연극이 상연될 때에 대화나 연기가 어우러지는 것을 보고 듣는 즐거움이 얼마나 클지 부럽습니다. 내가 단 한 편의 연극을 볼 수 있다면, 내가 읽거나 수화를 통해서 나에게 전달되는 수백 편의 연극의 연기를 마음속에서 되살릴 수 있을 것입니다.

이렇게 상상을 통해서 시각을 가진 둘째 날 저녁에, 희곡 속의 위대한 인물들이 내 눈에서 잠 속으로 들어올 것입니다.

IV.

다음날 아침에 다시 새로운 즐거움을 발견할 열정으로 새벽을 맞이할 것입니다. 왜냐하면 정말로 볼 수 있는 눈을 가진 사람들에게 매일 새벽은 영원히 새로운 아름다움의 계시임에 틀림없을 테니까요. 상상 속의 기적에 따라 오늘은 내가 눈으로 볼 수 있는 마지막 날입니다. 볼 것이 아주 많아서 망설일 시간이 없습니다. 첫날에 친구들과 동물, 무생물을 보았습니다. 둘째 날에 인간과 자연의 역사가 보여주는 세상을 알게 되었습니다. 오늘 나는 생활 터전에서 일하는 사람들이 모여 있는 곳에서 지낼 것입니다. 뉴욕에서처럼 사람들의 활동과 환경을 많이 볼 수 있는 곳이 어디 있을까요? 도시가 마지막 종착지입니다.

나는 롱아일랜드의 포레스트 힐의 조용한 작은 마을에 있는 내 집에서 출발할 것입니다. 이곳은 푸른 잔디와 나무, 꽃으로 둘러싸인 깨끗한 작은 집들이 있고, 주부와 아이들의 목소리와 일상이 있어 행복하고, 도시에서 힘들게 일하는 남자들의 안온한 휴식의 낙원입니다. 이스트 리버에 설치된 강철 다리 위에 차를 몰아서 인간의 마음에 있는 능력과 재주로 만들어 온 새롭고 놀라운 광경을 볼 것입니다. 배들이 칙칙 소리를 내며 바쁘게 달리고, 경기를 하고 있는 빠른 보트나 육중하게 증기를 내뿜고 있는 예인선들. 만일 볼 시간이 많다면, 강 위에서 경쾌하게 움직이는 것들을 보면서 오랜 시간을 보낼 것입니다.

나는 요정 이야기 책에서 나온 듯한 도시, 뉴욕의 환상적인 마천루를 볼 것입니다. 신들이 자신들을 위해서 지었을 법한 반짝이는 첨탑과 돌과 강철을 쌓아올린 장엄한 광경. 이 활기찬 모습은 매일 수백만 명의 삶의 일부분입니다. 얼마나 많은 사람들이 주의를 기울여 이 모습을 보는지 궁금합니다. 익숙하기 때문에 이 장엄한 광경에 눈 감고 있을 것입니다.

내가 얼마 전에 비서의 눈으로 아래에 있는 도시를 "보았던" 거대한 구조물, 엠파이어스테이트 빌딩의 꼭대기로 서둘러 올라가서, 실제와 환상을 비교하고 싶습니다. 그것은 나에게 다른 세계의 모습이기 때문에, 내 앞에 펼쳐진 파노라마에 실망하지 않을 것으로 확신합니다.

이제 도시 둘러보기를 시작할 것입니다. 먼저, 번화한 모퉁이에 서서 사람들을 바라보면서, 그들의 삶속에 있을 어떤 것을 이해하기 위해서 그들의 시각으로 볼 것입니다. 웃는 모습을 보면 행복하고, 심사숙고한 후에 내린 결정을 보면 자랑스럽고, 괴로워하는 것을 보면 측은해질 것입니다.

5번가를 어슬렁거릴 것입니다. 색깔의 만화경을 보기 위해 특별히 한 목적물만을 보지 않을 것입니다. 무리지어 움직이고 있는 여자들의 드레스 색채들은 내가 입어 본 적이 없는 화려한 광경일 것입니다. 그러나 대부분 다른 여자들처럼 개개의 드레스 스타일이나 선들에 더 관심을 가져서 무리지어 있는 색깔의 화사한 광경에 주목하지 않을 수도 있을 것입니다. 확언하건대 나는 진열장을 통해서 구경만 하는 사람일 것인데, 진열된 수만 가지 아름다운 상품을 보는 것만으로도 즐거울 테니까요.

5번가에서 파크 애비뉴, 빈민가, 공장가, 아이들이 노는 공원을 관광할 것입니다. 외국인들 구역에 가서 그 집을 둘러볼 것입니다. 내 눈은 사람들이 어떻게 일하고 사는지 이해하고 음미하기 위해서, 행복하거나 불쌍한 것들을 가리지 않고 볼 것입니다. 내 마음은 사람과 사물의 이미지로 가득 찰 것입니다. 내 눈은 사소한 것들도 가볍게 넘기지 않을 것입니다. 보았던 것을 세심하게 챙겨 기억하려고 노력할 것입니다. 어떤 것은 행복이 가득한 유쾌한 것이고, 어떤 것은 애처로운 광경일 것입니다. 그것도 삶의 일부이기에 후자를 외면하지 않을 것입니다. 눈에서 멀어지면 마음에서도 멀어지기 때문입니다.

시각이 살아있는 셋째 날이 끝을 향해 가고 있습니다. 남아있는 몇 시간에 하고 싶은 것이 많이 있지만, 다시 극장으로 달려가서 아주 재미있는 연극을 보고, 인간정신에 함축되어 있는 코미디를 감상할 것입니다.

자정에 맹인의 일시적 유예기간이 끝나고, 끝없는 어둠이 다시 내게 찾아들 것입니다. 짧은 사흘 동안에 내가 원했던 것을 다 보지 못한 것은 당연합니다. 어둠이 다시 내게 내려왔을 때에 보지 않은 것이 얼마나 많은지 알게 될 것입니다. 그러나 내 마음은 소중한 기억으로 채워져서 후회할 시간은 없습니다. 그 후에는 내가 만지는 감각은 보았던 물건들의 선명한 기억을 불러 올 것입니다.

내가 볼 수 있었던 것에 대한 이 짧은 개요는 당신이 볼 수 없음을 알았을 때 계획했던 것과는 일치하지 않을 것입니다. 그러나 내가 확신하건대, 당신이 실제로 그런 운명에 직면하면, 전에 보지 못했던 것을 보고 앞에 올 긴 어둠을 대비해서 기억을 쌓을 것입니다. 당신이 보았던 모든 것이 당신에게 소중하게 될 것입니다. 당신의 눈은 시계視界 안에 있는 모든 것을 보고 기억할 것입니다. 그런 후에 마침내 당신은 진심으로 보고, 아름다운 새로운 세계가 당신 앞에 모습을 드러낼 것입니다.

앞을 못 보는 내가 앞을 보는 당신에게 시각이라는 선물을 완전하게 사용할 수 있는 한 가지 충고를 드리겠습니다. 내일 당신이 앞을 보지 못할 것처럼 눈을 사용하세요. 다른 감각들도 같은 원리가 적용될 수 있습니다. 내일 귀가 들리지 않을 것처럼 음악소리, 새소리, 오케스트라의 장엄한 소리를 들으세요. 내일 당신의 촉각이 없어질 것처럼 만지고 싶은 것을 전부 만지세요. 내일 냄새도 입맛도 없어질 것처럼 꽃향기를 맡고, 맛있는 음식을 즐겁게 드세요. 자연이 마련해준 수단을 통해서 당신에게 보여주는 즐거움과 아름다움의 영광인 모든 감각을 최대한 사용하세요. 그러나 모든 감각 중에서 시각이 가장 큰 기쁨입니다.

---

*Helen Adams Keller(1880–1968)

그녀는 생후 19개월 때에 심한 질병으로 시각과 청각을 잃었다. 7세 때에 설리번 선생님은 손바닥에 수화 알파벳으로 사물의 이름을 가르치기 시작했고, 후에 자신의 후두에 손가락을 대어 진동을 느끼게 하여 말을 듣고 하는 법을 익히게 했다. 설리번의 지속적인 지도로 1904년에 레드크리프 대학에서 우등으로 졸업했다. 졸업 후에 장애인 복지사업을 하면서 세계 장애인 복지사업에 큰 공헌을 하여 1964년에 대통령 훈장을 수여했다. 『나의 삶』『헬렌 켈러 비망록』 등 많은 책을 저술하기도 했다. 위의 수필은 1933년 『애틀랜틱 먼스리』 1월호에 발표되었는데, 『리더스 다이제스트』는 이 수필을 '20세기 최고의 수필'로 선정했다.

오순자 수필집

무지개 뿌리 캐러

인쇄 2023년 11월 25일
발행 2023년 11월 30일

지은이 오순자
발행인 서정환
펴낸곳 수필과비평사
주소 서울시 종로구 삼일대로 32길 36(익선동 30-6 운현신화타워) 305호
전화 (02) 3675-3885 (063) 275-4000 · 0484
팩스 (063) 274-3131
이메일 essay321@hanmail.net
출판등록 제300-2013-133호
인쇄·제본 신아출판사

ISBN 979-11-5933-497-9 03810
값 15,000원

Printed in KOREA